JN013067

中国語文法〈補語〉集中講義

洪潔清 著

白水社

🔊 **000** の箇所には音声が用意されています。
以下の URL または QR コードより無料でダウンロードできます。

https://www.hakusuisha.co.jp/news/hogokougi/
ユーザー名：xuehao
パスワード：8994

中国語ナレーション　姜海寧
装丁・本文デザイン　株式会社明昌堂

はじめに

> 彼女は歌が上手だ。　　　　　　　　　　❌　她唱歌得很好。
> あなたは英語をどのくらい勉強しましたか。　❌　你学了英语多长时间?
> 突然雨が降りはじめた。　　　　　　　　　❌　突然下雨起来了。

　教育の現場ではこのような誤用文をよく目にしますが、これらの文ではすべて、中国語の補語が誤って使用されています。

　中国語の補語とは、動詞や形容詞の後に置かれ、その動作や状態に対して補足的な説明を行うもので、結果補語、様態補語、数量補語、方向補語、可能補語、程度補語の6種類があります。日本語に存在しない補語の習得は、中国語学習者にとって大きな難関と言えるでしょう。本書は、学習者が中国語の補語の用法について理解を深め、その難関を乗り越えるための参考書として編みました。

　本書は12章から構成されます。第1〜6章では、中国語の基礎文法を一通り終えた初級レベル（HSK3級・中国語検定試験4級相当）の学習者を対象に、補語の基本的な用法をわかりやすく説明しました。第7〜12章では中・上級レベル（HSK4〜5級・中国語検定試験3〜2級相当）の学習者向けに、さらに発展的な用法を紹介し、要点を解説しました。各章には豊富な練習問題が用意されています。また、第1〜6章、第7〜12章の後に、それぞれ総合練習を設けました。これらの練習問題を通して、各章で学んだ内容を確認し、補語の用法をより深く理解してほしいと思います。各所にちりばめたコラムにも、学習者がよく疑問に思うポイントを取り上げました。

　本書で学習する際には、ぜひ各章の例文をたくさん覚えてください。例文と練習問題の解答はすべて付属音声に収録されています。音声を繰り返し聞き、例文を覚えることで、補語の用法や単語の組み合わせを効率よく理解することができるはずです。皆さんが本書を通じて、中国語の補語という難関を突破されることを期待しております。

2024年1月

洪 潔清

4

第 1 章

結果補語（1）

试 一 试 やってみよう

次の日本語に合う正しい文を選びなさい。

> 先ほど私は彼が図書館にいるのを見た。
>
> Ⓐ 刚才我看了他在图书馆。
>
> Ⓑ 刚才我看见他在图书馆。

答 一 答 確認しよう

「彼が図書館にいるのを見た」という日本語の文から考えると、Ⓐの"看了"が正しいように見えるかもしれませんが、実際にはⒷの"看见"を使わなければなりません。なぜなら、この文は「彼が図書館にいる」ことを「私」が「見ていた」という動作を表しているのではなく、「彼が図書館にいる」という光景が結果として「私」の目に入ってきたことを表しているからです。つまり「見る」という動作が結果をもたらしたため、結果補語である"见"を使わなければ文が成り立たないのです。したがって、Ⓑが正解です。

では、結果補語とは何でしょうか。動詞の後にさらに動詞または形容詞を直結させて、その動作が行われた結果を説明するものを結果補語と呼びます。

|動詞|動詞|
我刚 **吃** **完** 早饭。 → |動詞＋結果補語|
吃完

（私は朝ごはんを食べ終えたばかりだ。）　　　　　　　（食べ終わる）

|動詞|形容詞|
我没 **看** **清楚** 手机上的字。 → |動詞＋結果補語|
看清楚

（私は携帯電話の文字がよく見えなかった。）　　　　　（はっきり見える）

動詞"吃"の後に動詞"完"をつけることで、「食べる」という動作の結果を補足説明して「食べ終わる」とします。また、動詞"看"の後に形容詞"清楚"をつけることで、「見る」という動作の結果を補足説明して「はっきり見える」とします。このように、結果補語は動詞と組み合わせることで、その動作が具体的にどのような結果や影響を生じたのかを表現する役割を果たしています。

本章では、結果補語を学習する際に注意すべきポイントを説明します。さらに、常用される結果補語を、例文を挙げながら見ていきましょう。

POINT 1　　　　　　　　　　　　　　　🔊》002

結果補語は動詞の直後に置かれます。動詞と結果補語を分けて使うことはできません。目的語は結果補語の後に置きます。完了を表す"了"は、目的語に数量詞を伴う時には結果補語の直後に置くことが多いですが、その他の場合は結果補語の後にも、文末にも置けます。

妹妹做完作业了。 Mèimei zuòwán zuòyè le.
　　（妹は宿題を終えた。）

　✕　妹妹做了完作业。
　✕　妹妹做作业完了。

他买到了两张演唱会的票。

Tā mǎidàole liǎng zhāng yǎnchànghuì de piào.

（彼はコンサートのチケットを２枚手に入れた。）

＊"两张"は数量詞

我已经做好心理准备了。 Wǒ yǐjīng zuòhǎo xīnlǐ zhǔnbèi le.

（私はすでに心の準備ができている。）

 我已经做好了心理准备。

POINT 2　　　　🔊》003

基本的にすでに終わった動作を表すものなので、結果補語の否定には"不"
ではなく、"没"を使わなければなりません。

他没说清楚想要买什么。

Tā méi shuōqīngchu xiǎng yào mǎi shénme.

（彼は何を買うかはっきりと言わなかった。）

他还没找到他的手机。 Tā hái méi zhǎodào tā de shǒujī.

（彼はまだ携帯電話を見つけていない。）

POINT 3　　　　🔊》004

以下は初級レベルで常用される結果補語です。各補語の機能、組み合わせら
れる動詞、例文をしっかりマスターしてください。

完 **wán**	多くの動詞の後に置かれ、「～し終わる」の意味を表す。 〈例〉做完／写完／看完／用完／花完／洗完／吃完／喝完／ 　　　说完／听完

我把钱都花完了。 Wǒ bǎ qián dōu huāwán le.

（私はお金を全部使ってしまった。）

8

衣服还没**洗完**呢。 Yīfu hái méi xǐwán ne.
（洗濯はまだ終わっていないよ。）

懂 dǒng	"听"や"看"などの動詞の後に置かれ、「わかる、理解する」の意味を表す。 〈例〉 听懂 / 看懂 / 搞懂 / 弄懂

这本书小学生也能**看懂**。
Zhè běn shū xiǎoxuéshēng yě néng kàndǒng.
（この本は小学生でも読める。）

我没**搞懂**这是怎么做出来的。
Wǒ méi gǎodǒng zhè shì zěnme zuòchūlai de.
（これがどうやって作られたのかわからなかった。）

见 jiàn	"听"や"看"などの動詞の後に置かれ、耳や目などを通して情報を知覚することを表す。 〈例〉 听见 / 看见 / 遇见 / 碰见

我是在医院里**遇见**她的。 Wǒ shì zài yīyuànli yùjiàn tā de.
（私は病院で彼女に会った。）

我什么也没**听见**。 Wǒ shénme yě méi tīngjiàn.
（私は何も聞こえなかった。）

住 zhù	"记"や"拿"などの動詞の後に置かれ、「定着する、固定する」などの意味を表す。 〈例〉 记住 / 拿住 / 拉住 / 握住 / 抱住

你感冒了，**记住**要多喝水。
Nǐ gǎnmào le, jìzhù yào duō hē shuǐ.
（風邪を引いたんだから、水をたくさん飲むのを忘れないで。）

坐电车时，请注意拉住扶手。

Zùo diànchē shí, qǐng zhùyì lāzhù fúshǒu.

（電車に乗る時は手すりをしっかりつかんでください。）

到
dào

①ある場所への到達を表す。結果補語の後に名詞または場所を表すことばが必要。

〈例〉跑到 / 走到 / 赶到

②動作がある時点まで持続することを表す。結果補語の後に時間を表すことばが必要。

〈例〉睡到 / 玩到 / 聊到 / 说到 / 看到 / 工作到 / 写到 / 学到

③ある目的に達すること、または目標を実現することを表す。

〈例〉买到 / 找到 / 收到

我们终于赶到了目的地。

Wǒmen zhōngyú gǎndàole mùdìdì.

（私たちはようやく目的地に着いた。）

星期天他常常睡到 11 点才起床。

Xīngqītiān tā chángcháng shuìdào shíyī diǎn cái qǐchuáng.

（日曜日彼はよく 11 時まで寝ている。）

你收到我的邮件了吗？

Nǐ shōudào wǒ de yóujiàn le ma？

（私のメールを受け取りましたか。）

清楚
qīngchu

動詞の後に置かれ、「はっきりしている」の意味を表す。

〈例〉听清楚 / 看清楚 / 说清楚 / 问清楚 / 想清楚 / 写清楚

一定要把地址写清楚。 Yídìng yào bǎ dìzhǐ xiěqīngchu.

（住所を必ず明記しなければならない。）

我没听清楚她说的话。 Wǒ méi tīngqīngchu tā shuō de huà.

（彼女の言ったことをはっきり聞こえなかった。）

错
cuò

動詞の後に置かれ、「〜し間違える」の意味を表す。
〈例〉听错 / 看错 / 说错 / 写错 / 拿错

他把名字也写错了。Tā bǎ míngzi yě xiěcuò le.
（彼は名前も書き間違えた。）

今天上课我拿错了课本。
Jīntiān shàngkè wǒ nácuòle kèběn.
（今日の授業で私は教科書を間違えて持ってきた。）

好
hǎo

①動作の完了を表す。"完"と置き換えることが可能。
〈例〉做好 / 写好 / 买好
②動作が満足な状態に達したことを表す。
〈例〉坐好 / 拿好 / 看好 / 准备

论文写好了吗? Lùnwén xiěhǎo le ma?
（論文を書き終えましたか？）

明天的考试我还没准备好呢。
Míngtiān de kǎoshì wǒ hái méi zhǔnbèihǎo ne.
（明日の試験はまだ準備ができていないよ。）

1 次の（ ）に入る適切な語句を【 】から選びなさい。（重複使用不可）

【 住 见 清楚 错 完 好 到 】

1) 他终于找（　　　　）了工作。

2) 因为他没说（　　　　），所以我搞（　　　　）了。

3) 作业还没写（　　　　）呢。

4) 请拿（　　　　）你的护照。

5) 去超市怎么走，你记（　　　　）了吗？

6) 你看（　　　　）我的狗狗了吗？

2 次の中国語を日本語に訳しなさい。

1) 她上完课就回家了。

2) 你买到高铁票了吗？

3) 我跑到车站时，电车还没开。

4) 他说的方言我一点儿也没听懂。

5) 今天坐错了电车，所以迟到了。

6) 我们一直聊到晚上 12 点才睡觉。

3　次の日本語の意味に合うよう、語句を並べ替えなさい。

1)　お母さんは喜んで子どもを抱きしめた。
抱住 ／ 妈妈 ／ 了 ／ 高兴地 ／ 孩子 ／ 。

2)　ごはんはまだできていないから、もう少し待って。
一会儿 ／ 还 ／ 饭 ／ 等 ／ 做好 ／ 再 ／ 没 ／ ， ／ 。

3)　彼は日曜日よく遅くまで寝ている。
睡到 ／ 很晚 ／ 他 ／ 常常 ／ 星期天 ／ 。

4)　授業が始まった！　皆さんちゃんと座ってください。
了 ／ 请 ／ 大家 ／ 上课 ／ 坐好 ／ ！ ／ 。

5)　先生が話すのが速かったので、私は聞き取れなかった。
快 ／ 老师 ／ 听懂 ／ 太 ／ 我 ／ 说 ／ 没 ／ 得 ／ 了 ／ ， ／ 。

6)　私は大学のキャンパスで高校の同級生に出くわした。
高中 ／ 我 ／ 遇见 ／ 在 ／ 大学 ／ 了 ／ 同学 ／ 校园里 ／ 。

4　次の日本語を中国語に訳しなさい。

1)　私は住所を見間違えた。

2)　あなたは新しい携帯電話を買えましたか。

3)　彼はすでに出発の準備ができた。

4)　弟はジュースを全部飲み干した。

5)　字が小さくて、はっきり見えなかった。

6)　先生の話を聞き取れましたか。

➡解答と解説 p.116

様態補語（1）

试一试 やってみよう

次の日本語に合う正しい文を選びなさい。

彼は水泳がとても上手だ。

Ⓐ 他游泳游得很好。

Ⓑ 他游泳得很好。

答一答 確認しよう

　Ⓐが正解です。初級者の中にはⒷのような誤用文がよく見られますが、間違いの原因は"游泳"を「泳ぐ」という一つの動詞として理解してしまったことです。実際には"游泳"は［動詞＋目的語］という構造であり、様態補語を伴う場合には［動詞＋目的語＋動詞＋様態補語］という語順にしなければなりません。つまり、目的語の後にもう一度最初の動詞を繰り返す必要があります。ただし、"游"も動詞であり、「泳ぐ」の意味なので、"他游得很好"とも言えます。

理 一 理 整理しよう

　様態補語とは、動詞の後に置かれ、その動作が行われた様子や状態、または習慣的に行われる様子や状態を描写するものです。たとえば、"昨天我起得<u>很晚</u>"（私は昨日起きるのが遅かった）、"他跑得<u>很快</u>"（彼は走るのが速い）の下線部が様態補語です。

　様態補語は動詞の直後に置けないため、"得"という助詞によって導く必要があります。また動詞が目的語を伴う時は、最初の動詞を繰り返して使わなければならないことに注意しましょう。

　本章では、様態補語を伴う文における語順、様態補語を使う際の注意点について説明します。特に［動詞＋目的語］という構造をもつ離合動詞が様態補語を伴う場合、語順に注意が必要です。

 POINT **1**　　　　　　🔊)) 005

　様態補語を伴う文は、動詞に目的語がつく場合とつかない場合の2種類の語順があり、それぞれの構造をおさえておく必要があります。特に、目的語がつく場合、"得"の前にもう一度最初の動詞を使う必要があるのは重要なポイントです。

▌動詞＋"得"＋様態補語

她唱得很好。
　Tā chàngde hěn hǎo.
　（彼女は歌がとてもうまい。）

昨天妹妹睡得很晚。
　Zuótiān mèimei shuìde hěn wǎn.
　（昨日妹は寝るのが遅かった。）

▌動詞＋目的語＋**動詞**＋"得"＋様態補語

她开车开得很快。
　Tā kāichē kāide hěn kuài.
　（彼女は車を運転するのがとても速い。）

第**2**章　様態補語（1）

15

中村说中文说得**非常流利**。

Zhōngcūn shuō Zhōngwén shuōde fēicháng liúlì.

（中村さんは中国語を非常に流暢に話す。）

 **POINT 2** 🔊) 006

動詞が目的語を伴う時は、基本的に［（動詞＋）目的語＋動詞＋"得"＋様態補語］という語順となりますが、最初の動詞を省略することも可能です。この場合は目的語を強調、または比較するニュアンスが含まれます。

他**足球**踢得很好。

Tā zúqiú tīde hěn hǎo.

（彼はサッカーがとても上手だ。）

小林**英文**说得很好，**中文**说得不太好。

Xiǎolín Yīngwén shuōde hěn hǎo, Zhōngwén shuōde bú tài hǎo.

（小林さんは英語は上手に話すが、中国語はあまり上手に話せない。）

 **POINT 3** 🔊) 007

初級レベルでは、形容詞が様態補語としてよく使われます。この場合は形容詞述語文と同様に、肯定文では形容詞の前に"很"や"非常"などの副詞をつける必要があります。このような副詞がない場合は、ふつう比較や対照の意味として理解されます。

妈妈**起得早**，我**起得晚**。

Māma qǐde zǎo, wǒ qǐde wǎn.

（母は起きるのが早いが、私は遅い。）

姐姐**吃得快**，妹妹**吃得慢**。

Jiějie chīde kuài, mèimei chīde màn.

（姉は早く食べる、妹はゆっくり食べる。）

16

　否定詞は動詞の前ではなく、様態補語の前に置きます。反復疑問文は様態補語の部分を反復させて作ります。

我做中国菜做得**不好**。
Wǒ zuò Zhōngguócài zuòde bù hǎo.
（私は中国料理をあまり上手に作れない。）

他跑步跑得**快不快**？
Tā pǎobù pǎode kuài bu kuài ?
（あなたは走るのが速いですか。）

　中国語には「離合動詞」があります。離合動詞は一見一つの動詞のように見えますが、動詞と目的語が組み合わさってできています。動詞部分と目的語部分は分離でき、その間に補語などの成分を挿入することができます。代表的な離合動詞は、たとえば"洗澡、起床"などです。常用の離合動詞については p.22 のコラムを参照してください。

　離合動詞が様態補語を伴う場合、特に注意しなければならないのは、目的語の後に最初の動詞を繰り返し使用することです。また前後の文脈がない場合、最初の動詞を省略することはあまりしません。

她**洗澡洗**得很快。Tā xǐzǎo xǐde hěn kuài.
（彼女はお風呂を済ませるのが速い。）
　❌　她澡洗得很快。

他**起床起**得很早。Tā qǐchuáng qǐde hěn zǎo.
（彼は起きるのが早い。）
　❌　他床起得很早。

第**2**章　様態補語（1）

1 次の日本語の意味に合う正しい文を一つ選びなさい。

1) 彼はテニスがとても上手だ。

①他网球很好打得。

②他打网球得很好。

③他网球打得很好。

④他打得网球很好。

2) 兄は写真を撮るのがなかなか上手だ。

①哥哥照相得不错。

②哥哥照相照得不错。

③哥哥很好地照相。

④哥哥的照相不错。

3) 今週私はたくさんアルバイトをした。

①这个星期我很多打工。

②我打工了很多这个星期。

③这个星期我打工得很多。

④我这个星期打工打得很多。

4) 私は試験でよい成績がとれなかった。

①考试我不考得好。

②我考试考得不好。

③我考试得不好。

④我考试没考得好。

5) 彼は漫画を読むのが速い。

①他漫画看得很快。

②他看漫画得很快。

③他看漫画看的很快。

④他很快得看漫画。

6) 妹は起きるのが遅い。

①妹妹起床得很晚。

②妹妹很晚起床了。

③妹妹起床起得很晚。

④妹妹很晚得起床。

2 提示された語句を使い、指示に従って文を作りなさい。

1) 姐姐 / 跳舞 / 好　　→　肯定文

2) 她 / 说英语 / 不错　→　肯定文

3) 爸爸 / 做饭 / 好吃　→　否定文

4) 妹妹 / 游泳 / 快　　→　否定文

5) 你 / 看视频 / 多　　→　"吗"疑問文

6) 哥哥 / 开车 / 好　　→　反復疑問文

3 次の日本語の意味に合うよう、語句を並べ替えなさい。

1) 彼女の中国語はどうですか。

中文 / 怎么样 / 说 / 她 / 得 / ？

2) 彼女はあまり食べない。

吃 / 她 / 少 / 很 / 得 / 。

3) 彼は日本語の歌が特にうまい。

唱 / 特别 / 他 / 好 / 日语歌 / 得 / 。

4) おばあさんは今年80歳になり、歩くのがとても遅い。

80岁 / 慢 / 今年 / 了 / 走 / 奶奶 / 很 / 得 / , / 。

5) 母は部屋をきれいに掃除した。

打扫 / 打扫 / 妈妈 / 非常 / 得 / 房间 / 干净 / 。

6) 弟はピアノがあまり上手ではない。

弹 / 弹 / 不太 / 钢琴 / 得 / 弟弟 / 好 / 。

4 次の日本語を中国語に訳しなさい。

1) 昨日私は早く起きた。

2) 田中さんは上手に答えた。

3) 彼は走るのが非常に速い。

4) 私は野球が上手ではない。

5) あなたは寝るのが遅いですか。

6) 私は日本料理を作るのがあまり上手ではない。

➡解答と解説 p.118

　離合動詞は、よく様態補語、数量補語（p.25）、可能補語 "〜不了"（p.85）と一緒に使われます。様態補語を伴う文では、[動詞＋目的語] 構造の後ろに最初の動詞をくり返す必要があります。この場合、一般的に最初の動詞を省略することはしません。数量補語を伴う文では、目的語が一般名詞か人称・指示代名詞かによって補語の位置が異なります。可能補語 "〜不了" を伴う場合には、ふつう動詞と目的語の間に挿入されます。

　以下に覚えておきたい離合動詞をまとめました。ピンインの「//」は分離できることを表しています。

🔊)) 010

游泳 yóu//yǒng	泳ぐ	她**游泳**游得不好。 Tā yóuyǒng yóude bù hǎo. 彼女は泳ぐのが上手ではない。
打工 dǎ//gōng	アルバイトをする	你**打工**打得多不多？ Nǐ dǎgōng dǎde duō bu duō？ あなたはたくさんアルバイトをしていますか。
散步 sàn//bù	散歩する	他们昨晚**散**了一个小时**步**。 Tāmen zuówǎn sànle yí ge xiǎoshí bù. 彼らは昨夜1時間散歩した。
滑雪 huá//xuě	スキーをする	她**滑雪**滑得很好。 Tā huáxuě huáde hěn hǎo. 彼女はスキーが上手だ。
上网 shàng//wǎng	ネットを使う	他**上**了两个小时**网**。 Tā shàngle liǎng ge xiǎoshí wǎng. 彼は2時間インターネットを使った。
洗澡 xǐ//zǎo	お風呂に入る	她经常早晚各**洗**一次**澡**。 Tā jīngcháng zǎowǎn gè xǐ yí cì zǎo. 彼女はよく朝と晩、1回ずつお風呂に入る。
聊天儿 liáo//tiānr	おしゃべりをする	她们**聊**了很长时间**天儿**。 Tāmen liáole hěn cháng shíjiān tiānr. 彼女たちは長い時間おしゃべりをした。
跑步 pǎo//bù	走る、ジョギングする	他**跑**了半个小时**步**。 Tā pǎole bàn ge xiǎoshí bù. 彼は30分ジョギングをした。

起床 qǐ//chuáng	起きる	奶奶每天**起床起**得很早。 Nǎinai měitiān qǐchuáng qǐde hěn zǎo. おばあちゃんは毎日起きるのが早い。
睡觉 shuì//jiào	寝る	周末我**睡觉睡**得很晚。 Zhōumò wǒ shuìjiào shuìde hěn wǎn. 週末、私は寝るのが遅い。
上课 shàng//kè	授業を受ける、 授業をする	今天我**上了**四节课。 Jīntiān wǒ shàngle sì jié kè. 今日は4コマの授業を受けた。
下课 xià//kè	授業が終わる	王老师总是**下课下**得很晚。 Wáng lǎoshī zǒngshì xiàkè xiàde hěn wǎn. 王先生はいつも授業を終えるのが遅い。
上班 shàng//bān	出勤する、 仕事に行く	爸爸**上了**一天**班**,很累。 Bàba shàngle yìtiān bān, hěn lèi. 父は1日仕事をして、たいへん疲れている。
下班 xià//bān	退社する、 仕事を終える	**下了班**她就回家。 Xiàle bān tā jiù huí jiā. 仕事が終わると彼女はすぐ帰宅する。
照相 zhào//xiàng	写真を撮る	我们一起**照了**很多**相**。 Wǒmen yìqǐ zhàole hěn duō xiàng. 私たちは一緒にたくさんの写真を撮った。
跳舞 tiào//wǔ	踊る、 ダンスをする	她**跳舞跳**得太美了。 Tā tiàowǔ tiàode tài měi le. 彼女のダンスはとても美しい。
请假 qǐng//jià	休暇を取る	他向公司**请了**两天**假**。 Tā xiàng gōngsī qǐngle liǎng tiān jià. 彼は会社に2日間の休みを申請した。
见面 jiàn//miàn	会う	我以前和他**见**过几次**面**。 Wǒ yǐqián hé tā jiànguo jǐ cì miàn. 私は以前彼と何回か会ったことがある。
帮忙 bāng//máng	手伝う	你能**帮**我一个**忙**吗? Nǐ néng bāng wǒ yí ge máng ma? ちょっと手伝ってもらえませんか。
毕业 bì//yè	卒業する	如果你不努力学习,可能就**毕**不了**业**。 Rúguǒ nǐ bù nǔlì xuéxí, kěnéng jiù bìbuliǎo yè. 努力して勉強しなければ、卒業できないかもしれない。

第3章

数量補語（1）

次の日本語に合う正しい文を選びなさい。

私は中国語を1年間勉強した。

Ⓐ 我学了一年汉语。

Ⓑ 我学汉语一年了。

「中国語を1年間勉強した」という日本語から見るとⒷが正しいと思うかもしれませんが、実際にはⒶが正解です。この"一年"は中国語を学ぶ時間の長さを表しています。中国語では時間の長さを表す数量補語は通常、述語と目的語の間に置かれるため、Ⓐのような語順で文を作成しなければなりません。

整理しよう

中国語には数量補語があります。「1 時間」「1 週間」のような動作や状態の持続する時間を表すものは時量補語、「1 回」「一度」のような動作や行為を行う回数を表すものは動量補語と呼ばれます。動詞が目的語を伴う場合、目的語の種類によって数量補語の文中における位置が変わることがあります。

本章では、数量補語の文中における位置や離合動詞とともに使用される時の注意点について説明します。さらに、時量補語によく使用される表現、動量補語に使用される動詞を、例文とともに見ていきましょう。

POINT 1　◁)) 011

数量補語は、目的語の種類（①一般名詞、②人称・指示代名詞、③人名・地名）によって語順が変わることに注意が必要です。

① 主語 ＋ 動詞 ＋ 数量補語 ＋ 目的語（**一般名詞**）

昨晚我看了两个小时**电视**。
Zuówǎn wǒ kànle liǎng ge xiǎoshí diànshì.
（昨夜私は 2 時間テレビを見た。）

我只看过一次中国**电影**。
Wǒ zhǐ kànguo yí cì Zhōngguó diànyǐng.
（私は一度だけ中国映画を見たことがある。）

② 主語 ＋ 動詞 ＋ 目的語（**人称・指示代名詞**）＋ 数量補語

我在车站等了**她**半个多小时。
Wǒ zài chēzhàn děngle tā bàn ge duō xiǎoshí.
（私は駅で彼女を 30 分以上待った。）

他已经来过**这儿**好几次了。
Tā yǐjīng láiguo zhèr hǎojǐ cì le.
（彼はすでにここに何度も来たことがある。）

我在公司里见过**他**一次。

Wǒ zài gōngsīli jiànguo tā yí cì.

（私は会社で彼に一度会ったことがある。）

③ 主語 ＋ 動詞 ＋ 目的語（**人名・地名**） ＋ 動量補語

主語 ＋ 動詞 ＋ 動量補語 ＋ 目的語（**人名・地名**）

我去过一次**北海道**。

Wǒ qùguo yí cì Běihǎidǎo.

（私は一度北海道に行ったことがある。）

○ 我去过北海道一次。

他去医院看过两次**老王**。

Tā qù yīyuàn kànguo liǎng cì Lǎo Wáng.

（彼は2回病院に王さんを見舞いに行った。）

○ 他去医院看过老王两次。

POINT **2** 🔊 012

　動詞が目的語を伴う際、一般的には［主語＋動詞＋数量補語＋目的語］という語順になりますが、動作などを強調したい場合、次の語順をとることもできます。

主語 ＋ **動詞** ＋ 目的語 ＋ **動詞** ＋ 数量補語

我上课**上**了一整天呢。

Wǒ shàngkè shàngle yìzhěngtiān ne.

（私は1日中授業を受けていたんだよ。）

＊"**上课**"という動作を強調し、"**上课**"の重要性、または"**上课**"による"**我**"の疲労感を表すことがある。

我等你**等**了半天呢。Wǒ děng nǐ děngle bàntiān ne.
（私は長い時間あなたを待っていたんだよ。）

＊待ち時間が長く感じられ、"我"のイライラする気持ちが表れていることがある。

 **POINT 3**　　　　　　　　　　　　　■))) 013

　一定の期間内に定期的に動作を行う場合、期間を表す時間詞は動詞の前に置く必要があります。

我**一周**打**三天**工。Wǒ yì zhōu dǎ sān tiān gōng.
（私は週に3日間アルバイトをする。）

这个药**一天**吃**三次**。Zhège yào yì tiān chī sān cì.
（この薬は1日に3回服用する。）

COLUMN　"小时"と"时间"

　日本語の「時間」は、中国語では"小时"と"时间"を使って表現することができます。使い分けは英語を参考にして、hour は"小时"、time は"时间"と覚えればわかりやすいでしょう。

小时（＝ hour）
他每天工作**八个小时**。Tā měitiān gōngzuò bā ge xiǎoshí.
＝ He works 8 hours every day.
（彼は毎日8時間働く。）

时间（＝ time）
今天你有**时间**吗？Jīntiān nǐ yǒu shíjiān ma？
＝ Do you have time today?
（今日は時間がありますか。）

時量補語によく使われる表現、動量補語に使われる動量詞を例文とともに覚えましょう。特に時量補語に使われる"半"の位置に注意してください。

時量補語	例文
二十分钟 (20分間)	我才看了**二十分钟**书。 Wǒ cái kànle èrshí fēnzhōng shū. （私は20分しか本を読んでいなかった。）
半个小时 (30分間)	他每天早上跑**半个小时**步。 Tā měitiān zǎoshang pǎo bàn ge xiǎoshí bù. （彼は毎朝30分間ジョギングをする。）
两个半小时 (2時間半)	他上了**两个半小时**课。 Tā shàngle liǎng ge bàn xiǎoshí kè. （彼は2時間半授業を受けた。）
半天 (長い時間)	她等了**半天**，公交车才来。 Tā děngle bàntiān, gōngjiāochē cái lái. （彼女は長い時間待って、ようやくバスが来た。）
两天半 (2日間と半日)	整整下了**两天半**雨。 Zhěngzhěng xiàle liǎng tiān bàn yǔ. （まる2日半雨が降った。）
一个半月 (1か月半)	他在韩国住了**一个半月**。 Tā zài Hánguó zhùle yí ge bàn yuè. （彼は韓国に1か月半滞在した。）
五年半 (5年半)	我在美国工作了**五年半**。 Wǒ zài Měiguó gōngzuòle wǔ nián bàn. （私はアメリカで5年半働いた。）

動量詞	機能 [結びつく動詞]	例文
次	動作を行う回数 [吃，看，喝，做]	我喝过**几次**珍珠奶茶。 Wǒ hēguo jǐ cì zhēnzhū nǎichá. （私は数回タピオカミルクティーを飲んだことがある。）
回	動作を行う回数。"次"と置き換えられる場合がある [去，买，听，做]	我上午去了**一回**超市。 Wǒ shàngwǔ qùle yì huí chāoshì. （私は午前中一度スーパーに行った。）
下	動作を行う回数または手で打ったり、押したりする回数 [看，做，打，拍]	他突然拍了我**一下**。 Tā tūrán pāile wǒ yíxià. （彼は突然私を叩いた。）
遍	動作の最初から最後までの全過程の回数 [看，说，念，写，复习]	这本小说她已经看了**两遍**了。 Zhè běn xiǎoshuō tā yǐjīng kànle liǎng biàn le. （彼女はこの小説をすでに2回読んだ。）
趟	一往復の動作の回数 [去，来，跑，回]	星期天带孩子去了**一趟**动物园。 Xīngqītiān dài háizi qùle yí tàng dòngwùyuán. （日曜日に子どもを連れて動物園に行った。）
顿	食事、忠告、罵倒などの動作の回数 [吃，说，骂，批评]	他没做作业，被老师批评了**一顿**。 Tā méi zuò zuòyè, bèi lǎoshī pīpíngle yí dùn. （彼は宿題をしていなかったので先生に叱られた。）

练一练 練習しよう

1 Ⓐ・Ⓑのうち、それぞれ正しい文を選びなさい。

1）Ⓐ 我去年只回了一次老家。

　　Ⓑ 我去年只回老家了一次。

2）Ⓐ 我学过英语六年。

　　Ⓑ 我学过六年英语。

3）Ⓐ 你每天多长时间打太极拳？

　　Ⓑ 你每天打多长时间太极拳？

4）Ⓐ 你见过她几次？

　　Ⓑ 你见过几次她？

5）Ⓐ 他昨天上三节课了。

　　Ⓑ 他昨天上了三节课。

6）Ⓐ 他们聊天儿聊了一个多小时。

　　Ⓑ 他们聊天儿了一个多小时。

2 次の日本語の意味に合うよう、語句を並べ替えなさい。

1）私は風邪を引いて2日間休んだ。
　　我 / 休息 / 两天 / 感冒 / 了 / 了 / ，/ 。

2）私はよく1日6時間以上パソコンを使う。
　　常常 / 小时 / 电脑 / 多 / 我 / 用 / 一天 / 六个 / 。

3）彼は何回も万里の長城に登ったことがある。
　　爬 / 爬 / 很多次 / 他 / 长城 / 过 / 。

30

4) 昨日友だちと一緒に焼肉を食べに行った。

和 ／ 我 ／ 韓国焼烤 ／ 朋友 ／ 一頓 ／ 昨天 ／ 吃了 ／
一起 ／ 去 ／ 。

5) 私はイギリスで1か月半働いたことがある。

英国 ／ 过 ／ 一个 ／ 在 ／ 月 ／ 我 ／ 半 ／ 工作 ／ 。

6) この夏休み、私は5万円ぐらい稼いだ。

挣了 ／ 暑假 ／ 我 ／ 五万 ／ 这个 ／ 左右 ／ 日元 ／ 。

3 次の文を、それぞれ正しい語順に直しなさい。

1) 请等一下我。

2) 我昨天只睡觉了五个小时。

3) 他们打棒球了三个小时。

4) 小王做过日本菜很多次。

5) 我以前见面过他一次。

6) 他经常迟到两次一个星期。

4 次の日本語を中国語に訳しなさい。

1) 彼女は2回アメリカに行ったことがある。

2) あなたはどのくらい中国語を勉強したことがありますか。

3) 私たちは30分間休んだ。

4) 彼は1日2回入浴する。

5) あなたは昨日何時間テレビを見ましたか。

6) 私は先月一度北京に行ってきた。

➡解答と解説 p.120

方向補語（1）

试 一 试 やってみよう

次の日本語に合う正しい文を選びなさい。

山本さんはすでに東京に戻っていった。

Ⓐ 山本已经回去东京了。

Ⓑ 山本已经回东京去了。

答 一 答 確認しよう

　日本語にも「〜てくる」、「〜ていく」という方向を表す表現があるので、「戻っていく」＝"回去"と考えれば、Ⓐの"回去东京了"が正解のように見えますが、実際にはⒷが正解です。なぜなら、この"去"は方向を表す補語であり、方向補語を伴う文では、場所を表す名詞が目的語の場合、その目的語を方向補語"来／去"の前に置かなければならないからです。

では、方向補語とは何でしょうか。

動詞	単純方向補語		動詞	複合方向補語
回	＋ 去		走	＋ 进来
（戻っていく）			（歩いて入ってくる）	

　上の例の "去" や "进来" のように、動詞の後に置かれ動作の向かう方向を表すものを方向補語と呼びます。目的語を伴う場合は、目的語の種類によって語順が異なります。"东京" のように目的語が場所を表す場合には、方向補語 "来 / 去" の前に置く必要があります。

　本章では、まず単純方向補語と複合方向補語の基本的な使い方を学んでいきましょう。

 POINT **1**　　　　　　　　　　🔊）015

方向補語一覧

	上	下	进	出	回	过	起
来	**上来** shànglai 上がって くる	**下来** xiàlai 降りて くる	**进来** jìnlai 入って くる	**出来** chūlai 出てくる	**回来** huílai 戻って くる	**过来** guòlai 過ぎて くる	**起来** qǐlai 起き 上がる
去	**上去** shàngqu 上がって いく	**下去** xiàqu 降りて いく	**进去** jìnqu 入って いく	**出去** chūqu 出ていく	**回去** huíqu 戻って いく	**过去** guòqu 過ぎて いく	－

　単純方向補語は "来 / 去" が最も多く使われますが、そのほかに "上、下、进、出、回、过、起" があります。複合方向補語は "上、下、进、出、回、过、起" の後ろにさらに "来 / 去" をつけて形成します。ただし、"起" の後には "去" をつけることができないことに注意が必要です。

第**4**章

方法補語（1）

33

她借**来**了一台电脑。

Tā jièlaile yì tái diànnǎo.

（彼女は1台のパソコンを借りてきた。）

我们终于爬**上**了长城。

Wǒmen zhōngyú páshàngle Chángchéng.

（私たちはついに長城に登った。）

对面开**过来**一辆车。

Duìmiàn kāiguòlai yí liàng chē.

（向こうから1台の車が走ってきた。）

麻烦你帮我把那幅画拿**下来**。

Máfan nǐ bāng wǒ bǎ nà fú huà náxiàlai.

（その絵を取って下ろしていただけませんか。）

 POINT **2** 🔊》 016

"上、下、进、出、回、过、起"はそれ自体、単独でも動詞として使用できますが、動詞の後ろに置いて、方向補語として使用することもできます。

奶奶从柜子里拿**出**一件旗袍。

Nǎinai cóng guìzili náchū yí jiàn qípáo.

（おばあちゃんはタンスからチャイナドレスを取り出した。）

她一到家就跑**进**厨房开始做饭。

Tā yí dào jiā jiù pǎojìn chúfáng kāishǐ zuò fàn.

（彼女は家に着くとすぐにキッチンに駆け込んで料理を始めた。）

看完报纸后请放**回**原处。

Kànwán bàozhǐ hòu qǐng fànghuí yuánchù.

（新聞を読み終わったら、元の場所に戻してください。）

　場所を表す名詞が目的語となる場合は、目的語を"来／去"の前に置く必要があります。目的語が一般名詞の場合は、"来／去"の前にも後にも置くことができます。

她上星期回**老家**去了。

Tā shàng xīngqī huí lǎojiā qù le.

（彼女は先週実家に戻っていった。）

✗ 她上星期回去**老家**了。

老师走进**教室**来了。

Lǎoshī zǒujìn jiàoshì lai le.

（先生が歩いて教室に入ってきた。）

✗ 老师走进来**教室**了。

她带回来很多**礼物**。

Tā dàihuílai hěn duō lǐwù.

（彼女はたくさんのお土産を持ち帰ってきた。）

〇 她带回很多**礼物**来。

姐姐从书包里拿出来**一本书**。

Jiějie cóng shūbāoli náchūlai yì běn shū.

（姉はカバンから1冊の本を取り出した。）

〇 姐姐从书包里拿出**一本书**来。

第4章　方法補語（1）

35

1 Ⓐ・Ⓑのうち、（　）に入る適切な語句を選びなさい。

1) 外面下雨了，你快进（　　）吧。　　Ⓐ 来　　Ⓑ 去

2) 他已经跑（　　）楼去了。　　　　　Ⓐ 过　　Ⓑ 下

3) 看完杂志，请放（　　）书架上。　　Ⓐ 回　　Ⓑ 出

4) 秋天到了，树叶都落（　　）了。　　Ⓐ 下来　Ⓑ 回去

5) 请你站（　　）说吧。　　　　　　　Ⓐ 下去　Ⓑ 起来

6) 车不能从这里开（　　）！　　　　　Ⓐ 过来　Ⓑ 过去

2 次の（　）に入る適切な語句を【　】から選びなさい。(重複使用不可)

【　来　上　进　回去　过来　下来　】

1) 我给大家买（　　　　）了几瓶水。

2) 她们一起走（　　　　）了电影院。

3) 我们终于爬（　　　　）了富士山。

4) 自行车坏了，我只能走（　　　　）了。

5) 首相从飞机上走（　　　　）了。

6) 铃木从对面跑（　　　　）了。

3 次の（　　）に入る適切な語句を、①〜④から選びなさい。

1) 妈妈从地上捡（　　　）了衣服。

　　① 出　　　② 起　　　③ 去　　　④ 上

2) 她从银行取（　　　）三万日元。

　　① 下　　　② 过　　　③ 进　　　④ 出

3) 一放暑假她就回奶奶家（　　　）了。

　　① 去　　　② 出　　　③ 起　　　④ 上

4) 请大家坐（　　　）看。

　　① 出来　　　② 起来　　　③ 下来　　　④ 上来

5) 山不太高，我们一起爬（　　　）吧。

　　① 上去　　　② 回来　　　③ 出来　　　④ 进去

6) 哥哥从家里搬（　　　）了。

　　① 回来　　　② 进来　　　③ 出去　　　④ 回去

4 次の日本語を中国語に訳しなさい。

1) 彼女は宿舎に戻っていった。

2) 王さんはカバンから 1 冊の本を取り出した。

3) 11 時になった。電車で帰ろう。

4) 母はたくさんの果物を買って帰ってきた。

5) 彼女たちは山から降りてきましたか。

6) ここから歩いて通り抜けていこう。

➡解答と解説 p.122

第 5 章

可能補語（1）

试 一 试 やってみよう

次の日本語に合う正しい文を選びなさい。

私は広東語を聞き取ることができない。

Ⓐ 我不听懂广东话。

Ⓑ 我听不懂广东话。

答 一 答 確認しよう

　"听懂"の"懂"は、第1章（p.6）で学習した結果補語です。会話の中で誰かの広東語を聞き取れたことを表したい時は"听懂了"、聞き取れなかったことを表したい時は"没听懂"を使います。2つの表現は完了した動作を示しています。しかし、どんな状況においても常に聞き取ることができないことを表したい時には、"听不懂"という可能補語を使わなければなりません。したがって、Ⓑが正解です。

 整理しよう

可能補語は、動詞と結果補語または方向補語から形成されます。

動詞		結果補語		可能補語
听	＋	懂	➜	**听得懂 ／ 听不懂**
（聞いてわかる）				（聞いてわかる／聞いてわからない）

動詞		方向補語		可能補語
进	＋	去	➜	**进得去 ／ 进不去**
（入っていく）				（入っていくことができる／入っていくことができない）

　上記のように、動詞と結果補語、方向補語の間に"得"または"不"を入れて、動作が行われる可能性や能力を示すものを可能補語と呼びます。
　本章では可能補語の基本的な使い方、そして可能補語と様態補語の使い分けについて説明します。

POINT 1 　　　　　　　　　◀)) 018

　可能補語は圧倒的に否定形が多く使われています。肯定形が使われるのは、おもに疑問文や反語文です。目的語は可能補語の後に置くことが多いですが、強調する場合や長い目的語を伴う場合は主語の前に置くこともあります。反復疑問文は可能補語の［肯定形＋否定形］から形成されます。

字太小了，我看不见。
Zì tài xiǎo le, wǒ kànbujiàn.
（字が小さすぎて見えない。）

这么多的工作你一个人做得完吗？
Zhème duō de gōngzuò nǐ yí ge rén zuòdewán ma？
（これだけ多くの仕事を一人で終えられますか。）

一个小时内回得来回不来？
Yí ge xiǎoshí nèi huídelái huíbulái？
（1時間以内に戻ってこられますか。）

POINT 2 🔊 019

可能の意味を強調したい場合、可能補語の前にさらに助動詞の"能"または"可以"を加えられます。ただし否定形にはこのような使い方はありません。

中国菜全世界都有，你在哪儿都**能吃得到**。

Zhōngguócài quán shìjiè dōu yǒu, nǐ zài nǎr dōu néng chīdedào.

（中華料理は世界中にあり、どこでも食べられる。）

这个地方不是谁都**可以进得去**的。

Zhège dìfang bú shì shéi dōu kěyǐ jìndequ de.

（この場所は誰でも入れるわけではない。）

POINT 3 🔊 020

"他画得很好"（彼は絵が上手だ）のように、様態補語の肯定形にはふつう"很"が必要です。"很"を使わない場合は比較のニュアンスが含まれることがあります。たとえば、"哥哥画得好，弟弟画得差"（兄は絵が上手だが、弟は下手だ）のような文の場合、可能補語の肯定形と同じ形になるため、様態補語なのか、可能補語なのか、見分けられず戸惑うことがあるかもしれません。しかし、下の表のように、否定形と疑問形が異なることから、様態補語と可能補語を区別することができます。

	肯定形	否定形	反復疑問文	目的語
様態補語	画得(很)好	画得不好	画得好不好	(画)画儿画得很好
可能補語	画得好	画不好	画得好画不好	画得好画儿

他网球**打得好**，棒球**打得不好**。（様態補語）

Tā wǎngqiú dǎde hǎo, bàngqiú dǎde bù hǎo.

（彼はテニスが上手だが、野球は上手ではない。）

炒饭很好做，可是我却**做不好**。（可能補語）

Chǎofàn hěn hǎo zuò, kěshì wǒ què zuòbuhǎo.

（チャーハンは作りやすいが、私はうまく作れない。）

说明书上的字你**看得清楚**吗？（可能補語）

Shuōmíngshūshang de zì nǐ kàndeqīngchu ma ?

（説明書の文字ははっきり見えますか。）

COLUMN "出不去"と"不能出去"

"出不去"は可能補語の否定形で、「出られない」という意味です。客観的な理由や個人の能力により、ある動作が実現できないことを表します。一方、"不能出去"は特定の規定や禁止令により、ある行動が許されないことを強調し、「出てはいけない」という意味になります。

① 因为下大雪路被封了，我们**出不去**。

Yīnwèi xià dàxuě lù bèi fēng le, wǒmen chūbuqù.

（大雪で道が封鎖されてしまったので、私たちは外に出られない。）

② 医生说她需要在家静养，暂时**不能出去**。

Yīshēng shuō tā xūyào zài jiā jìngyǎng, zànshí bù néng chūqu.

（医者が彼女は家で静養する必要があると言うので、しばらく外出できない。）

①の"出不去"は、道路が封鎖されているため外に出られない状況を表し、②の"不能出去"は、医師の言いつけにより外出が禁止されていることを強調しています。

1 次の下線部がどの補語に当たるか、ⓐ～ⓓから選んで答えなさい。

【 ⓐ結果補語 ⓑ様態補語 ⓒ方向補語 ⓓ可能補語 】

1) 她跳舞<u>跳得好不好</u>？

2) 我没<u>听见</u>他在说什么。

3) 游泳太难了，我<u>学不会</u>。

4) 小王已经<u>回</u>中国<u>去</u>了。

5) 这本书现在还<u>买得到</u>吗？

6) 她英语说<u>得不太好</u>。

2 （ ）に"得"または"不"を入れて文を完成しなさい。

1) 前面人太多，我看（   ）见。

2) 没有钥匙，我进（   ）去。

3) 上海话你听（   ）懂听（   ）懂？

4) 山不高，我们能爬（   ）上去。

5) 作业太多了，我今天写（   ）完。

6) 这么多酒，你们俩喝（   ）完吗？

3 次の（　）に入る適切な語句を【　】から選びなさい。(重複使用不可)

【 看得懂　回得来　记不住　干不完　学不会　看不清楚 】

1) 这本英语小说你能（　　　　　　　）吗?

2) 时间不够，今天的事（　　　　　　　）了。

3) 不戴眼镜我（　　　　　　　）。

4) 没问题，吃晚饭前我一定（　　　　　　　）。

5) 滑雪太难了，我（　　　　　　　）。

6) 单词太多，我（　　　　　　　）。

4 次の日本語を中国語に訳しなさい。

1) チケットがなくて入れない。

2) 韓国語を聞き取ることができますか。

3) フランス語の映画を見ても理解できない。

4) 8時前に戻ってくることができますか。

5) 料理が多すぎて、私たちは食べきれない。

6) この電話番号を私は覚えられない。

➡解答と解説 p.124

第**6**章

程度補語

试 一 试 やってみよう

次の日本語に合う正しい文を選びなさい。

今日はたいへん疲れた。

Ⓐ 我今天累死了。

Ⓑ 我今天太累极了。

答 一 答 確認しよう

　"极了"と"死了"はいずれも動作や状態の程度を表す程度補語であり、「とても～」「死ぬほど～」といった意味を表します。しかし、これらの程度補語と同時に"很"や"太"などの程度を表す副詞を使用することはできません。したがって、Ⓐが正解です。

「今日はたいへん疲れた」という中国語の言い方はさまざまあります。

ⓐ 我今天**很**累。 　　　　我今天**非常**累。

ⓑ 我今天累**极了**。 　　　我今天累**死了**。 　　　我今天累**坏了**。

ⓒ 我今天累得**不行**。 　　我今天累得**不得了**。
　　我今天累得**要命**。 　　我今天累得**要死**。

　上のⓐは形容詞述語文であり、ⓑとⓒは程度補語を使用した文です。ⓑは助詞の"得"は不要ですが、ⓒは"得"を使わなければなりません。

　動詞や形容詞の後に置かれ、その動作や状態が達する程度を補足するものを程度補語と呼びます。程度補語に使われる動詞は人の心理的または生理的な状態を表すものが多く、たとえば"喜欢、想、恨、气、累"などが挙げられます。

　本章では程度補語の基本的な使い方を学んでいきましょう。

 POINT **1** 　　　　　　　　　　　🔊)) 021

　程度補語には上記ⓑのように"得"を使用しないものと、ⓒのように"得"を使用するものの2種類があります。"得"を使用しない程度補語の中で最も多く見られるのは"〜极了""〜死了""〜坏了"です。これらの程度補語を含む文は話し言葉に多く使われ、"很"を使う形容詞述語文よりも甚だしい程度を表しています。

这双鞋她喜欢极了。Zhè shuāng xié tā xǐhuan jíle.
（彼女はこの靴をとても気に入っている。）

没吃早饭，他饿坏了。Méi chī zǎofàn, tā è huàile.
（朝ごはんを食べなかったので、彼はとてもお腹がすいている。）

找不到车站，她急死了。Zhǎobudào chēzhàn, tā jí sǐle.
（駅が見つからず、彼女はとても焦っている。）

ⓑとⓒの程度補語は"得"の有無に違いがありますが、意味はほぼ同じです。いずれもポジティブとネガティブな意味を表す動詞に使え、両者が互換可能な場合も多いです。

刚吃完午饭，我困**得不行**。

Gāng chīwán wǔfàn, wǒ kùn de bùxíng.

（昼食を食べたばかりで、私はとても眠い。）

> ⭕ 刚吃完午饭，我困**死了**。

拿到驾驶执照后，他高兴**得不得了**。

Nádào jiàshǐ zhízhào hòu, tā gāoxìng de bùdéliǎo.

（運転免許証を取得した後、彼はとても喜んでいる。）

> ⭕ 拿到驾驶执照后，他高兴**坏了**。

没考上大学，他难过**得要死**。

Méi kǎoshàng dàxué, tā nánguò de yàosǐ.

（大学に受からなかったので、彼はとても悲しんでいた。）

> ⭕ 没考上大学，他难过**极了**。

POINT 3 🔊 023

程度補語を伴う文において、動詞や形容詞の前にさらに程度を表す副詞を使うことはできません。

今天热**极了**。Jīntiān rè jíle.

（今日はとても暑い。）

> ❌ 今天**太**热极了。

这个电影他喜欢**得不得了**。

Zhège diànyǐng tā xǐhuan de bùdéliǎo.

（彼はこの映画をとても気に入っている。）

✕ 这个电影他**很**喜欢得不得了。

收到礼物，她高兴**得要命**。

Shōudào lǐwù, tā gāoxìng de yàomìng.

（プレゼントを受け取り、彼女はとても喜んでいる。）

✕ 收到礼物，她**非常**高兴得要命。

 **POINT 4** 🔊))**024**

動詞が人称代名詞の目的語を伴う場合、よく一緒に使われる程度補語は"死了、坏了、要死、要命"などです。その際、文中における人称代名詞の目的語の位置に注意しなければなりません。人称代名詞の目的語は、"得"を使用しない文では"了"の前に置き、"得"を使用する文では"得"の後に置かれます。

好久不见，真是**想死** 你 **了**。

Hǎojiǔ bújiàn, zhēnshi xiǎng sǐ nǐ le.

（久しぶり、本当に会いたかったよ。）

这星期天天加班，**忙得** 我 **要死**。

Zhè xīngqī tiāntiān jiābān, máng de wǒ yàosǐ.

（今週は毎日残業で、忙しくて死にそうだ。）

我等了她一个小时她都没来，**气得** 我 **要命**。

Wǒ děngle tā yí ge xiǎoshí tā dōu méi lái, qì de wǒ yàomìng.

（彼女を1時間も待ったのに来なかった。腹が立ってしょうがない。）

第**6**章　程度補語

练 一 练 練習しよう

1 次の中国語を日本語に訳しなさい。

1) 上了一天班，我累死了。

2) 第一次遇到地震，他吓得要死。

3) 最近她每天加班，忙得不得了。

4) 这张桌子重得不行，你能帮我搬一下吗？

5) 小猫病了，妹妹难过得要命。

6) 周末想好好儿睡一觉，又被电话吵醒，气死我了。

2 Ⓐ・Ⓑのうち、（　）に入る適切な語句を選びなさい。

1) 这个苹果好吃（　　　）。　　　Ⓐ 极了　　Ⓑ 不得了

2) 国庆节，外面人多得（　　　）。　Ⓐ 要命　　Ⓑ 死了

3) 看完表演，她激动得（　　　）。　Ⓐ 坏了　　Ⓑ 不得了

4) 手机坏了，他急（　　　）。　　　Ⓐ 死了　　Ⓑ 不行

5) 一有考试她就紧张得（　　　）。　Ⓐ 极了　　Ⓑ 要死

6) 听说明天要去动物园，孩子们高兴（　　　）。

　　　　　　　　　　　　　　　　　Ⓐ 不得了　　Ⓑ 坏了

3 次の日本語の意味に合うよう、語句を並べ替えなさい。

1) 京都の秋はとてもきれいだ。
的 ／ 漂亮 ／ 京都 ／ 极了 ／ 秋天 ／ 。

2) この誕生日のプレゼントを彼女はとても気に入った。
礼物 ／ 喜欢得 ／ 这个 ／ 不得了 ／ 生日 ／ 她 ／ 。

3) 長い間会っていなかったから、とても会いたかったよ。
不见 ／ 我 ／ 你 ／ 了 ／ 想死 ／ 好久 ／ ， ／ 。

4) またチケットが手に入らなかったので、彼はたいへん腹が立った。
买到 ／ 气 ／ 又 ／ 票 ／ 死了 ／ 没 ／ 他 ／ ， ／ 。

5) 私は昨日寝るのが遅かったので、午後は眠くて仕方がない。
睡得 ／ 困 ／ 下午 ／ 很晚 ／ 我 ／ 死了 ／ 昨天 ／ ， ／ 。

6) お腹がペコペコなんだけど、何か食べ物を持っている？
有 ／ 我 ／ 你 ／ 吃的 ／ 饿得 ／ 什么 ／ 要命 ／ 吗 ／ ， ／ ？

4 ［ ］の語句を使って、次の日本語を中国語に訳しなさい。

1) この映画はじつに面白い。 ［ 极了 ］

2) 外はとても寒い。 ［ 不得了 ］

3) 1日アルバイトをして、たいへん疲れた。 ［ 要命 ］

4) やっと仕事が見つかり、彼女はすごく喜んでいる。 ［ 坏了 ］

5) 家の中は非常に汚い。 ［ 不行 ］

6) 風邪を引いて、頭痛がひどくてたまらない。 ［ 要死 ］

➡解答と解説 p.126

1 次の（　）に入る適切な語句を【　】から選びなさい。（重複使用不可）

【　进来　错　不得了　一遍　出不去　很多　】

1) 今年冬天冷得（　　　　）。

2) 他从外面搬（　　　　）一把椅子。

3) 我没听清楚，请你再说（　　　　）。

4) 门被锁上了，狗狗（　　　　）了。

5) 他最近很忙，加班加得（　　　　）。

6) 不好意思，我认（　　　　）人了。

2 次の日本語の意味に合うよう、語句を並べ替えなさい。

1) この季節には新鮮なイチゴが買えない。

草莓 / 季节 / 新鲜 / 这个 / 的 / 买不到 / 。

2) 私の話は終わりました。皆さん、何かご意見はありますか。

说完 / 大家 / 意见 / 我 / 了 / 有 / 吗 /
什么 / ， / ？

3) 食べ残した料理を冷蔵庫に入れてください。

没 / 你 / 冰箱里 / 的 / 把 / 去 / 吃完 / 菜 /
放进 / 。

4）彼はアメリカに行ったことがないが、英語は流暢に話せる。

说 / 没 / 虽然 / 很 / 他 / 去 / 可是 / 过 /
得 / 英语 / 美国 / 流利 / ， / 。

5）留学生は週に 20 時間しかアルバイトができない。

只能 / 一个 / 留学生 / 打 / 星期 / 二十个 /
工 / 小时 / 。

6）そのニュースを聞いた後、彼女はとても悲しんだ。

消息 / 伤心 / 后 / 听到 / 她 / 得 / 那个 /
不得了 / ， / 。

3 次の日本語を中国語に訳しなさい。

1）私はテニスがあまり上手ではない。

2）父はたくさんのプレゼントを買ってきた。

3）私は大学で 2 年間中国語を習ったことがある。

4）彼女が何を話しているのか、はっきりと聞き取れなかった。

5）昼ごはんを食べた後、私は眠くてたまらない。（程度補語を使用すること）

6）この本は難しすぎて、私は読んでわからない。

次の（　　）に入る適切な結果補語を"完、懂、见、住、到、错、好"から選んで書きなさい。（重複使用可）

今天回（　　）家后，我先复习了上课的内容。内容有点儿难，我没有完全看（　　），然后我开始做作业。这时候我听（　　）妈妈说晚饭准备（　　）了，让我先吃饭。吃（　　）饭，做（　　）作业，我开始玩儿游戏。一直玩儿（　　）11点。睡觉前，妈妈说明天要下雨，让我记（　　）带伞，但别拿（　　）弟弟的伞。

5 次の下線部に入る語句を、日本語を参考に、様態補語を使って書きなさい。

我爸爸工作很辛苦，每天早上都_____，晚上
　　　　　　　　　　　　　　　　（起きるのが早い）
很晚才回家。他的爱好是踢足球，他_____。
　　　　　　　　　　　　　　　　　　　（サッカーが上手だ）
周末他常常带我和弟弟去公园玩儿。我不太喜欢踢足球，

弟弟足球也_____，但是每次我们都
　　　　　　（プレーするのが上手でない）

_____。放暑假时，爸爸会开车带我们去旅游，
（楽しく遊ぶ）

他_____。妈妈不会开车，不过她
　　（運転がうまい）

_____。
（料理を作るのが上手だ）

6 次の下線部に入る語句を、日本語を参考に書きなさい。

今天有个重要的会议，我很早就出门了，＿＿＿＿＿＿＿＿＿
（40分地下鉄に乗る）
到了公司。会议开了大概＿＿＿＿＿＿。休息时，我遇见了食
（3時間）
品公司的小王，她是我大学同学，毕业后我们只＿＿＿＿＿＿。
（一度会ったことがある）
她在英国＿＿＿＿＿＿，去年刚回国。会议结束后，我们
（2年働いた）
＿＿＿＿＿＿＿＿＿。约定周末一起去看电影。那个电影
（20分以上おしゃべりした）
我已经＿＿＿＿＿＿了，不过小王没看过。看完电影我
（2回見た）
们还想去＿＿＿＿＿＿火锅。
（1回食べる）

（次のページへつづく）

次の（　　）に入る適切な方向補語を書きなさい。(重複使用可)

今天因为有两个朋友来家里玩儿，我很早就起（　　　　）了。先去超市买（　　　　）很多包饺子的食材，然后开始打扫房间。下午朋友来了，佳那带（　　　　）了她自己做的蛋糕，明理从包里拿（　　　　）一盒点心。我泡了一壶茶，这包茶是妈妈从北京寄（　　　　）的，我们一边喝茶一边吃点心。然后我们又一起包饺子，我们包了很多饺子，三个人吃不完，我先把没吃完的饺子放（　　　　）冰箱里，等她们回家时，让她们每人带一包回（　　　　）。十点多，她们俩坐公交车回家（　　　　）了。今天我们都过得很愉快。

次の（　　）に入る適切な可能補語を、"看不懂、进不去、听得懂、进得去、说不好、买不到、记不住"から選んで書きなさい。(重複使用不可)

过年我想回老家，可因为是节日，（　　　　　　　）便宜的机票，我没那么多钱，只好放弃。过了年我打算开始找工作，所以有时在网上查一些资料，可是很多英文资料我（　　　　）。最近感觉记忆力也越来越差，有些单词查了很多遍，还是（　　　　）。我想进外资企业工作，可是平时不太说英语，担心面试时（　　　　），不知道外资企业自己是不是（　　　　）。不过，如果（　　　　），我就找能用中文的公司。因为我在中国留过学，不但（　　　　）中文，而且说得也不错。

9 次の（　）に入る適切な程度補語を、"极了、坏了、要命、不行、不得了"から選んで書きなさい。（重複使用可）

　　昨天是我姐姐的婚礼，我一大早起床，早饭也没吃就开始帮忙布置房间，忙得（　　　　　）。出发去婚礼会场前，我饿（　　　　　），匆匆忙忙吃了一点东西。到了会场，我突然想起忘了一件重要的礼物，我急得（　　　　　），马上跑回家去拿。婚礼进行得非常顺利，看到姐姐幸福的笑容，我高兴（　　　　），新郎新娘的讲话也让在场的嘉宾感动得（　　　　）。忙了一整天，虽然累得（　　　　　），但是心里却非常高兴。可是回到家，想到以后不能天天见到姐姐，我难过（　　　　　）。

➡解答と解説 p.128

結果補語（2）

次の日本語に合う正しい文を選びなさい。

この文章を英語に訳してもらえませんか。

Ⓐ 你能把这篇文章翻译成英语吗？

Ⓑ 你能翻译这篇文章英语吗？

　Ⓐが正解です。なぜなら、Ⓑには「（～を）なにになる」という結果を表す補語 "成" が欠けており、また "这篇文章" という目的語の後ろに、もう一つの目的語 "英语" が続いているからです。このように、主語がある文において、動詞に目的語が伴い、かつ結果を表すもう一つの目的語がある場合、"把" を使って作文しなければなりません。

　中級レベルで常用される結果補語には形容詞が多く使用され、特に"多 / 少"のような意味が相反する形容詞のペアが多用されます。また動詞"成、在、给、到"を結果補語として使う文では、一般の動詞述語文よりも"把"構文を使うことが多い、というのが重要なポイントです。

　本章では結果補語として常用される 10 の形容詞に加えて、結果補語"成、在、给、到"の用法について重点的におさえましょう。

 **POINT 1**　　　　　　　　🔊)) 025

　以下は中級レベルで常用される結果補語です。それぞれの機能、組み合わせられる動詞および例文を覚えて使いこなしましょう。

第**7**章　結果補語（2）

多 **duō**	動詞の後に置かれ、「動作の結果が多い」ことを表す。 〈例〉吃多 / 喝多 / 穿多 / 买多 / 走多

今天我又**吃多**了。
Jīntiān wǒ yòu chīduō le.
（今日も食べすぎた。）

你**穿多**了吧，今天 30 度呢。
Nǐ chuānduō le ba, jīntiān sānshí dù ne.
（あなたは着すぎでしょ、今日 30 度だよ。）

少 **shǎo**	動詞の後に置かれ、「動作の結果が少ない」ことを表す。 〈例〉吃少 / 喝少 / 穿少 / 带少 / 买少

你**穿**少了，所以才感冒了呢。

Nǐ chuānshǎo le, suǒyǐ cái gǎnmào le ne.

（あなたは薄着したから風邪を引いたんだよ。）

来了六个人，我只买了两瓶饮料，**买少**了。

Láile liù ge rén, wǒ zhǐ mǎile liǎng píng yǐnliào, mǎishǎo le.

（6人来たけど、私は飲み物を2本しか買わなかったので足りなかった。）

大
dà

動詞の後に置かれ、「動作の結果が大きい」ことを表す。

〈例〉买大 / 写大 / 画大 / 搞大 / 拉大

请把字**写大**一点儿。

Qǐng bǎ zì xiědà yìdiǎnr.

（もっと字を大きく書いてください。）

能不能再**画大**一点儿？

Néng bu néng zài huàdà yìdiǎnr？

（もう少し大きく描いてもらえませんか。）

小
xiǎo

動詞の後に置かれ、「動作の結果が小さい」ことを表す。

〈例〉买小 / 写小 / 画小 / 做小

这双鞋**买小**了，不能穿。

Zhè shuāng xié mǎixiǎo le, bù néng chuān.

（この靴は買ったのが小さかったので、履けない。）

字**写小**了，他没看清楚。

Zì xiěxiǎo le, tā méi kànqīngchu.

（字が小さく書かれたので、彼ははっきり見えなかった。）

早
zǎo

動詞の後に置かれ、「動作の結果が早い」ことを表す。

〈例〉来早 / 去早 / 学早 / 开早

商店十点才开门，我**来早**了。

Shāngdiàn shí diǎn cái kāimén, wǒ láizǎo le.

（店は10時開店なのに、私は早く来てしまった。）

他**学早**了，六岁就学完了小学四年级的课程。

Tā xuézǎo le, liù suì jiù xuéwánle xiǎoxué sì niánjí de kèchéng.

（彼は早く学んだ。6歳の時すでに小学校4年生のカリキュラムを終えた。）

晚
wǎn

動詞の後に置かれ、「動作の結果が遅い」ことを表す。

〈例〉来晚 / 去晚 / 说晚 / 买晚

对不起，我**来晚**了。路上堵车堵得厉害。

Duìbuqǐ, wǒ láiwǎn le. Lùshang dǔchē dǔde lìhai.

（すみません、遅くなりました。渋滞がひどかったです。）

那件衣服已经卖完了，我**买晚**了。

Nà jiàn yīfu yǐjīng màiwán le, wǒ mǎiwǎn le。

（あの服はすでに売り切れた。買い遅れた。）

对
duì

動詞の後に置かれ、「動作の結果が正しい」ことを表す。

〈例〉写对 / 说对 / 猜对 / 做对

你还是没**写对**，这是日语的汉字。

Nǐ háishi méi xiěduì, zhè shì Rìyǔ de Hànzì.

（やはり正しく書いていない。これは日本語の漢字だよ。）

这次你**猜对**了。

Zhè cì nǐ cāiduì le.

（今回あなたの推測が的中した。）

坏

huài

動詞の後に置かれ、「動作の結果として壊れてしまう」ことを表す。

〈例〉 弄坏 / 搞坏 / 吃坏 / 穿坏

电脑又被弟弟**弄坏**了。

Diànnǎo yòu bèi dìdi nònghuài le.

（パソコンはまた弟に壊された。）

吃这么多辣的，会**吃坏**肚子的。

Chī zhème duō là de, huì chīhuài dùzi de.

（こんなにたくさん辛いものを食べると、おなかを壊すよ。）

干净

gānjìng

動詞の後に置かれ、「動作の結果としてきれいになる」ことを表す。

〈例〉 打扫干净 / 擦干净 / 收拾干净 / 洗干净

妈妈把房间**收拾干净**了。

Māma bǎ fángjiān shōushigānjìng le.

（母は部屋をきれいに片づけた。）

请把桌子**擦干净**。

Qǐng bǎ zhuōzi cāgānjìng.

（テーブルをきれいに拭いてください。）

明白

míngbai

動詞の後に置かれ、「動作の結果としてわかる、理解する」ことを表す。

〈例〉 看明白 / 听明白 / 搞明白 / 想明白

这道题你**看明白**了吗？

Zhè dào tí nǐ kànmíngbai le ma？

（この問題を理解できましたか。）

他说了很多遍，可我还是**没听明白**。

Tā shuōle hěn duō biàn, kě wǒ háishi méi tīngmíngbai.

（彼は何度も説明したが、私はやはり理解していない。）

 **POINT 2** 🔊 026

　主語がある文では、動詞に目的語が伴い、同時に結果、場所、対象、到達目的地を表すもう一つの目的語が含まれる場合、"把"を使って作文しなければなりません。ここでは"成"、"在"、"给"、"到"を例として説明します。

成 chéng	結果を表す目的語を伴い、「なにをなにに～する」ことを表す。 〈例〉翻译成 / 说成 / 改成 / 换成

请把这篇文章**翻译成**中文。

Qǐng bǎ zhè piān wénzhāng fānyìchéng Zhōngwén.

（この文章を中国語に訳してください。）

他把卧室**改成**了客厅。

Tā bǎ wòshì gǎichéngle kètīng.

（彼は寝室をリビングルームに改造した。）

在 zài	場所を表す目的語を伴い、「なにをどこに～する」ことを表す。 〈例〉放在 / 摆在 / 掉在 / 忘在

请把床**放在**那儿吧。

Qǐng bǎ chuáng fàngzài nàr ba.

（ベッドをそこに置いてください。）

61

他不小心把手机掉在地上了。

Tā bù xiǎoxīn bǎ shǒujī diàozài dìshang le.

（彼は不注意で携帯電話を地面に落とした。）

给

gěi

対象を表す目的語を伴い、「なにをだれに～する」ことを表す。

〈例〉交给 / 送给 / 还给

他还没把作业交给老师。

Tā hái méi bǎ zuòyè jiāogěi lǎoshī.

（彼はまだ先生に宿題を提出していない。）

请你马上把这本书还给图书馆。

Qǐng nǐ mǎshàng bǎ zhè běn shū huángěi túshūguǎn.

（この本をただちに図書館に返却してください。）

到

dào

p.10"到"①の意味。到達目的地を表す目的語を伴い、「なにをどこまで～する」ことを表す。

〈例〉送到 / 开到 / 停到

爸爸每天都把女儿送到学校门口。

Bàba měitiān dōu bǎ nǚ'ér sòngdào xuéxiào ménkǒu.

（父は毎日娘を学校の入口まで見送る。）

请你把车停到二楼停车场。

Qǐng nǐ bǎ chē tíngdào èr lóu tíngchēchǎng.

（車を2階の駐車場に停めてください。）

1 次の（　）に入る適切な語句を【　】から選びなさい。(重複使用不可)

【 给　干净　坏　明白　小　到　晚　成 】

1) 我把礼物送（　　　）了弟弟。

2) 学生们把教室都打扫（　　　）了。

3) 孩子长得太快了，衣服买（　　　）了。

4) 我把二等座改（　　　）一等座了。

5) 我没看（　　　）这道题的意思。

6) 他不小心把花瓶打（　　　）了。

7) 我们把车开（　　　）了海边。

8) 你怎么又来（　　　）了？

2 次の（　）に入る適切な語句を、①〜④から選びなさい。

1) 我看错时间，把闹钟开（　　）了。

　　① 多　　② 成　　③ 早　　④ 大

2) 她已经把书还（　　）我了。

　　① 给　　② 到　　③ 少　　④ 多

3) 我看不清楚，能不能再写（　　）一点儿？

　　① 明白　　② 大　　③ 小　　④ 完

4) 哥哥经常玩儿游戏玩儿（　　）半夜。

　　① 少　　② 在　　③ 好　　④ 到

5) 真不好意思，我来（　　）了。

 ① 完 ② 晚 ③ 见 ④ 懂

6) 这次考试我做（　　）了所有的题目。

 ① 对 ② 坏 ③ 懂 ④ 成

7) 他昨天喝（　　）了，今天一点儿精神也没有。

 ① 完 ② 多 ③ 错 ④ 小

8) 这双鞋质量太差了，才穿了一个月就穿（　　）了。

 ① 大 ② 小 ③ 坏 ④ 好

3 次の日本語の意味に合うよう、語句を並べ替えなさい。

1) 出張の時、私はよく子猫を隣人に預けて世話をしてもらう。

我 ／ 小猫 ／ 出差 ／ 常常 ／ 把 ／ 邻居 ／ 照看 ／ 时 ／ 交给 ／ 。

2) 私は財布をレストランに忘れてしまった。

餐厅里 ／ 把 ／ 我 ／ 忘在 ／ 了 ／ 钱包 ／ 。

3) 彼は自分の経験を本として書き上げた。

经历 ／ 一本书 ／ 把 ／ 他 ／ 写成 ／ 的 ／ 自己 ／ 了 ／ 。

4) 昨日歩きすぎて、いま足が痛くてたまらない。

走多 ／ 我 ／ 脚 ／ 现在 ／ 不得了 ／ 疼得 ／ 了 ／ 昨天 ／ ，／ 。

5) 今日は休みなので、私は車をきれいに洗った。

车子 ／ 休息 ／ 今天 ／ 把 ／ 干净 ／ 我 ／ 洗 ／ 了 ／ ，／ 。

6) 先生の質問に私はすべて正しく答えた。

问题 ／ 我 ／ 老师 ／ 都 ／ 的 ／ 回答 ／ 了 ／ 对 ／ , ／ 。

7) 彼女はデスクトップパソコンをノートパソコンに換えた。

台式 ／ 换成 ／ 她 ／ 笔记本 ／ 把 ／ 了 ／ 电脑 ／ 电脑 ／ 。

8) 私たちはすぐにこれらの物資を被災地に届けなければならない。

灾区 ／ 我们 ／ 把 ／ 送到 ／ 立刻 ／ 这些 ／ 要 ／ 物资 ／ 。

4 ［ ］の語句を使って、次の日本語を中国語に訳しなさい。

1) 私はすでに彼にお金を返した。 ［ 还给 ］

2) 私は本を本棚に置いた。 ［ 放在 ］

3) 先生が言ったことを聞いて理解できましたか。 ［ 听明白 ］

4) 彼女は部屋をきれいに掃除した。 ［ 打扫干净 ］

5) 私が遅れて行ったから、チケットはすでに売り切れた。

［ 去晚 ］

6) 彼は不注意で窓を壊してしまった。 ［ 打坏 ］

7) 彼女は食べすぎて、おなかが少し気持ち悪い。 ［ 吃多 ］

8) 私は中国語の漢字を日本語の漢字として書いてしまった。

［ 写成 ］

➡解答と解説 p.133

数量補語（2）

試 一 試 やってみよう

次の日本語に合う正しい文を選びなさい。

彼らは結婚してすでに 20 年経った。

Ⓐ 他们已经结了 20 年婚。

Ⓑ 他们结婚已经 20 年了。

答 一 答 確認しよう

　"结婚" は "上课" などと同じ構造の離合動詞です。"20 年" という数量補語は動詞と目的語の間に置くべきだと考えれば Ⓐ が正解のように見えますが、実際には Ⓑ が正解です。なぜなら、"结婚" は "上课" とは違い、瞬間的に行われる動作を表す非持続動詞であるため、数量補語は動詞の後に置く必要があるのです。

整理しよう

　中国語の動詞は、持続動詞と非持続動詞に分けられます。第3章（p.24）では、時間の長さを表す時量補語と、動作の回数を表す動量補語を学びました。これらの数量補語を伴う動詞はすべて持続動詞です。一方、非持続動詞を使用する場合は、文中における数量補語の位置がこれまでに学んだものとは異なります。これは数量補語について覚えておくべき重要なポイントです。

　さらに、年齢、重量、距離、長さ、比率などを表す量詞も、比較文においてよく数量補語に使用されます。

　本章では、これらの中級レベルで使用される数量補語の使い方について説明します。

POINT 1

　"学习、看、聊天儿"といった、一定の期間にわたって継続する動作を表す動詞は持続動詞と呼ばれます。それに対して、以下のような短時間または瞬間的に終わる動作や状態を表す動詞は非持続動詞と呼ばれます。また、非持続動詞が時間の長さを表す時量補語を伴う場合は、ふつう［主語＋非持続動詞（＋目的語）＋時量補語］という語順になります。

よく使用される非持続動詞

来 lái（来る）、去 qù（行く）、进去 jìnqu（入っていく）、起来 qǐlai（起きあがる）、出生 chūshēng（生まれる）、死 sǐ（死ぬ）、认识 rènshi（知り合う）、结婚 jiéhūn（結婚する）、离婚 líhūn（離婚する）、开始 kāishǐ（始める）、结束 jiéshù（終わる）、到达 dàodá（到着する）、离开 líkāi（離れる）、迟到 chídào（遅刻する）、毕业 bìyè（卒業する）、辞职 cízhí（辞職する）、退休 tuìxiū（定年退職する）、成立 chénglì（創立する）

主語 ＋ 非持続動詞（＋ 目的語）＋ 時量補語

他们结婚五年了。 Tāmen jiéhūn wǔ nián le.
（彼らは結婚して5年になった。）

❌ 他们结了五年婚。

会议已经开始 20 分钟了，你怎么才来？
Huìyì yǐjīng kāishǐ èrshí fēnzhōng le, nǐ zěnme cái lái?
（会議はすでに始まって20分も経つのに、どうして今来たのですか。）

 POINT **2**   🔊)) 028

　非持続動詞のほかに、結果補語や方向補語がついた動詞が時量補語を伴う場合も次のような語順となります。これは、動作が開始または完了した時から発話するまでの間に、時間がどれくらい経ったのかを表す表現です。目的語は、基本的に時量補語の前に置かなければなりません。

主語 ＋ 動詞＋結果補語 （＋ 目的語）＋ 時量補語

做完体检才一天，还不知道结果呢。
Zuòwán tǐjiǎn cái yìtiān, hái bù zhīdào jiéguǒ ne.
（健診を受けてから1日しか経っておらず、結果はまだわからない。）

主語 ＋ 動詞＋方向補語 ＋ 時量補語

他们进去已经一个多小时了，怎么还不出来？
Tāmen jìnqu yǐjīng yí ge duō xiǎoshí le, zěnme hái bù chūlai?
（彼らが中に入ってからすでに1時間以上経ったが、なぜまだ出てこないの？）

　動作が開始または完了してから現在まで、時間があまり経っていないことを表すには、動詞の前ではなく、時量補語の前に否定詞を置きます。語順に注意しましょう。

他们结婚**没几年**就离婚了。

Tāmen jiéhūn méi jǐ nián jiù líhūn le.

（彼らは結婚して数年しか経っていないのに離婚した。）

我躺下还**没十分钟**就被吵醒了。

Wǒ tǎngxià hái méi shí fēnzhōng jiù bèi chǎoxǐng le.

（私は横になってまだ10分も経たないうちに騒音で起こされた。）

我起来还**不到一个小时**又困了。

Wǒ qǐlai hái bú dào yí ge xiǎoshí yòu kùn le.

（私は起きてからまだ1時間も経っていないのに、また眠くなってきた。）

　比較文において比較した差がどのくらいあるかを具体的に示す場合、比較の差は数量補語として、述語となる動詞または形容詞の後に置かれます。年齢、重量、距離、長さ、比率などを表す際には、"岁 suì（歳）、公斤 gōngjīn（キログラム）、公里 gōnglǐ（キロメートル）、米 mǐ（メートル）、公分 gōngfēn（センチメートル）、倍 bèi（倍数）"などの量詞が使われます。

姐姐比妹妹**瘦五公斤**。

Jiějie bǐ mèimei shòu wǔ gōngjīn.

（最近私は2キロ太った。）

哥哥比弟弟**高五公分**。

Gēge bǐ dìdi gāo wǔ gōngfēn.

（兄は弟よりも5センチ背が高い。）

第**8**章　数量補語（2）

69

今年的营业额预计比去年**增加三倍**。

Jīnnián de yíngyè'é yùjì bǐ qùnián zēngjiā sān bèi.

（今年の売上高は昨年に比べて3倍分増加する見込みだ。）

我学**了**一年汉语**了**。

Wǒ xuéle yì nián Hànyǔ le.

（私は中国語を1年間勉強している。）

　この文において、なぜ2つの"了"が必要なのでしょうか。"学了"の"了"は動作の完了、文末の"了"は動作の継続を表しています。もし"我学了一年汉语。"と言えば、過去に1年間中国語を勉強していたけれど現在は勉強しているかわからない状態です。つまり"我学过一年汉语。"（私は1年間中国語を勉強したことがある）と同じように理解できます。一方、"我学了一年汉语了。"は、1年前から中国語を勉強しはじめ、今も勉強し続けていることを表します。

1 次の（　　）に入る適切な語句を【　】から選びなさい。(重複使用不可)

【　一个小时　　一年多　　几岁
　　五年　　好几倍　　两个月　】

1) 他大学毕业已经（　　　　　）了。

2) 小王来日本才（　　　　　）。

3) 这里的物价比我老家的贵（　　　　　）。

4) 你儿子比我儿子大（　　　　　）？

5) 她离婚（　　　　　）了，也没有再婚。

6) 活动结束快（　　　　　）了，他还不想离开会场。

2 次の（　　）に入る適切な語句を、①〜④から選びなさい。

1) 他出去（　　　　　）了，还没回来。

　　① 一下　　② 半天　　③ 一次　　④ 一趟

2) 他辞职都（　　　　　）了，还没找到新工作。

　　① 三下　　② 三个月　　③ 好几遍　　④ 好几趟

3) 他从美国回来不到（　　　　　）就又回去了。

　　① 一公里　　② 一次　　③ 一个月　　④ 一倍

4) 他们到达机场已经（　　　　　）了。

　　① 一倍　　② 一公里　　③ 一个小时　　④ 一下

5) 毕业（　　　　　）以后，他又回到大学读研究生了。

　　① 一回　　② 一趟　　③ 两倍　　④ 两年

6) 地震发生（　　　　　　）后，小狗也被就出来了。

① 一个小时　　② 两年　　③ 六公分　　④ 六米

3　次の日本語の意味に合うよう、語句を並べ替えなさい。

1) 発車まであと 5 分しか残っていない。

发车 ／ 分钟 ／ 只 ／ 了 ／ 剩下 ／ 五 ／ 离 ／ 。

2) 姉はアメリカから帰ってきてもう 1 週間になった。

美国 ／ 一个 ／ 从 ／ 了 ／ 姐姐 ／ 回来 ／ 星期 ／ 都 ／ 。

3) 彼は 30 分遅れたので、先生に叱られた。

小时 ／ 被 ／ 他 ／ 老师 ／ 批评 ／ 半个 ／ 迟到 ／ 一顿 ／ 了 ／ 了 ／ ，／ 。

4) 彼は家を出てすでに 1 か月経ったが、まだ連絡はない。

已经 ／ 离开 ／ 他 ／ 一个月 ／ 了 ／ 还 ／ 消息 ／ 没有 ／ 家 ／ ，／ 。

5) 手術を終えてから、1 日は飲食をしてはいけない。

手术 ／ 不能 ／ 一天 ／ 做完 ／ 之内 ／ 饮食 ／ 。

6) 経営危機のため、会社は設立してから 1 年も経たずに倒産した。

经济 ／ 成立 ／ 就 ／ 公司 ／ 不到 ／ 倒闭 ／ 危机 ／ 一年 ／ 因为 ／ 了 ／ ，／ 。

4 [ ]の語句を使って、次の日本語を中国語に訳しなさい。

1) 姉は妹より1歳年上だ。 [一岁]

2) 母が帰ってきてからまだ5分も経っていない。 [五分钟]

3) 彼は死んで数日経ってやっと発見された。 [几天]

4) 彼らは知り合って十数年になった。 [十几年]

5) 父は定年退職してからまだ1年も経っていない。 [一年]

6) 彼が生まれて8か月の時に母親が亡くなった。 [八个月]

➡解答と解説 p.136

第 9 章

方向補語（2）

试 一 试 やってみよう

次の日本語に合う正しい文を選びなさい。

午後突然雨が降り出した。

Ⓐ 下午突然下雨起来了。

Ⓑ 下午突然下起雨来了。

答 一 答 確認しよう

　"起来"は本来「起き上がる」の意味ですが、方向補語として「〜しはじめる」という動作の開始を表す派生的な意味でも使われます。ですからⒶ・Ⓑとも"起来"を使うのは間違っていません。ただ目的語を伴う場合、その目的語を"起"と"来"の間に置かなければならないので、Ⓑが正解です。

　第4章（p.32）では方向補語の基本的な使い方と、目的語の文中における位置について学んできましたが、方向補語には本来の方向の意味を失い、さまざまな派生的な意味を持つものも多く存在しています。具体的には"上、下、出、起、下来、下去、出来、过来、过去、起来"が挙げられます。単純方向補語である"上、下、出、起"の派生義は結果補語として捉えられることもあります。また複合方向補語である"下来、下去、出来、过来、过去、起来"の派生義は可能補語の形でも頻繁に使用されます。

　これらの派生的な用法は多様かつ複雑であり、学習者にとっては非常に難しいものです。本章では、初・中級レベルでよく使われる方向補語の派生的な用法を、例文とともに見ていきましょう。

1 上

◀)) 031

(1) "关 guān（閉める）、闭 bì（閉じる）、锁 suǒ（施錠する）、拉 lā（引く）、合 hé（結合する）"などの動詞の後に置かれ、<u>動作が開いた状態から合わさった状態に向かうこと</u>を表す。

闭上眼睛休息一下吧。
Bìshàng yǎnjing xiūxi yíxià ba.
（目を閉じて少し休んでください。）

我已经把自行车锁上了。
Wǒ yǐjīng bǎ zìxíngchē suǒshàng le.
（すでに自転車を施錠した。）

(2) "考 kǎo（試験を受ける）、评 píng（評価する）、选 xuǎn（選ぶ）、当 dāng（〜になる）、过 guò（過ごす）、住 zhù（住む）"などの動詞の後に置かれ、<u>様々な困難を乗り越えて、ある目標に達する</u>意味を表す。

她终于考上了北京大学。
Tā zhōngyú kǎoshàngle Běijīng dàxué.
（彼女はついに北京大学に合格した。）

他们一家过上了幸福的生活。

Tāmen yìjiā guòshàngle xìngfú de shēnghuó.

（彼ら一家は幸せな生活を送るようになった。）

(3) "喜欢 xǐhuan（好む）、爱 ài（好む）、看 kàn（見る）、迷 mí（夢中にな
る）、交 jiāo（友だちになる）" などの動詞の後に置かれ、ある動作や状
態の開始と持続を表す。人物や事物が好きになりはじめることによく使
われる。

近几年很多人都迷上了韩剧。

Jìn jǐ nián hěn duō rén dōu míshàngle Hánjù.

（近年たくさんの人が韓国ドラマに夢中になった。）

他渐渐地爱上了她。

Tā jiànjiàn de àishàngle tā.

（彼は徐々に彼女を好きになった。）

2 下・下来 🔊 032

(1) "摘 zhāi（つまむ、取る）、脱 tuō（脱ぐ）、换 huàn（換える）、拆 chāi
（取り外す）、咬 yǎo（噛む）、剪 jiǎn（ハサミで切る）" などの動詞の後に
置かれ、事物をある場所から分離させる動作を表す。

他摘下眼镜看了我一眼。

Tā zhāixià yǎnjìng kànle wǒ yì yǎn.

（彼はメガネを外して私を一瞥した。）

快把脏衣服脱下来洗一洗。

Kuài bǎ zāng yīfu tuōxiàlai xǐ yi xǐ.

（早く汚れた服を脱いで洗いなさい。）

(2) "写 xiě（書く）、背 bèi（暗唱する）、抄 chāo（抄録する）、记 jì（記録す
る、覚える）、拍 pāi（写真を撮る）" などの動詞の後に置かれ、忘れない、
消えないように人や事物を固定させることを表す。

请在这里**写下**你的邮箱地址。

Qǐng zài zhèli xiěxià nǐ de yóuxiāng dìzhǐ.

（ここにメールアドレスを書いてください。）

刚才老师说的话你都记下来了吗？

Gāngcái lǎoshī shuō de huà nǐ dōu jìxiàlai le ma？

（先ほど先生が言ったことはすべてメモしましたか。）

(3) "传 chuán（伝える）、遗留 yíliú（残す）、坚持 jiānchí（堅持する）、抗 káng（持ちこたえる）"などの動詞の後に置かれ、動作や状態が以前から現在まで続いていることを表す。【"下来"のみ】

这幅画是我祖上**传下来**的。

Zhè fú huà shì wǒ zǔshàng chuánxiàlai de.

（この絵は私の祖先から受け継がれたものだ。）

得走四个小时，我不知道能不能**坚持下来**。

Děi zǒu sì ge xiǎoshí, wǒ bù zhīdào néng bu néng jiānchíxiàlai.

（4時間歩かなければならないので、持ちこたえられるかわからない。）

(4) 動作や状態が明から暗へ、動から静へ、強から弱へとしだいに変わっていく過程を表す。p.79の"起来"(5) と相反している。【"下来"のみ】

天渐渐地**暗下来**了。

Tiān jiànjiàn de ànxiàlai le.

（空が徐々に暗くなってきた。）

她的心终于**平静下来**了。

Tā de xīn zhōngyú píngjìngxiàlai le.

（彼女の心はついに落ち着いてきた。）

3 出・出来 ◀)) 033

"看 kàn（見る）、说 shuō（話す、言う）、想 xiǎng（思う）"などの動詞の後に置かれ、考えたことや記憶したことが言葉や行動に現れること、見えない状態から表に出ることを表す。

我早就**看出**了她的心思。 Wǒ zǎojiù kànchūle tā de xīnsi.
（ずっと前から彼女の気持ちがわかっていた。）

他们终于**想出来**一个好办法。
Tāmen zhōngyú xiǎngchūlai yí ge hǎo bànfǎ.
（彼らはついによい方法を思いついた。）

4 起・起来 🔊))034

(1)　"想 xiǎng（思う）、说 shuō（話す、言う）、提 tí（言及する）"などの動詞の後に置かれ、<u>あることに言及する意味</u>を表す。

说起小王，大家都夸她是个好妻子。
Shuōqǐ Xiǎo Wáng, dàjiā dōu kuā tā shì ge hǎo qīzi.
（王さんのことを言えば、みんな彼女はよい妻だと褒める。）

这张照片让我**想起**了大学的美好时光。
Zhè zhāng zhàopiàn ràng wǒ xiǎngqǐle dàxué de měihǎo shíguāng.
（この写真は私に大学時代の素晴らしい時間を思い起こさせた。）

(2)　"拾 shí（拾う）、捡 jiǎn（拾う）、加 jiā（加える）、收 shōu（収める）"などの動詞の後に置かれ、<u>分散している事物を集中した状態へと変えること</u>を表す。

他**捡起**地上的塑料瓶，扔进了垃圾箱。
Tā jiǎnqǐ dìshang de sùliàopíng, rēngjìnle lājīxiāng.
（彼は地面に落ちているペットボトルを拾い上げ、ゴミ箱に捨てた。）

五件衣服**加起来**一共五千八百块。
Wǔ jiàn yīfu jiāqǐlai yígòng wǔqiān bābǎi kuài.
（5着の服を合わせて合計5800元だ。）

(3)　"哭 kū（泣く）、笑 xiào（笑う）、做 zuò（する）、看 kàn（見る、読む）、下 xià（雨や雪が降る）、刮 guā（風が吹く）"などの動詞の後に置かれ、「〜しはじめる」という意味で、よく<u>動作や状態を開始すること</u>を表す。目的語は"起"と"来"の間に置く。【"起来"のみ】

她突然**哭了起来**。Tā tūrán kūle qǐlai.
（彼女は突然泣き出した。）

他一回家就**做起作业来**了。
Tā yì huí jiā jiù zuòqǐ zuòyè lai le.
（彼は帰宅するとすぐに宿題をやりはじめた。）

(4) "做 zuò（する）、干 gàn（する）、说 shuō（話す、言う）、用 yòng（使う）、花 huā（時間や金を使う）、吃 chī（食べる）、喝 hē（飲む）" などの動詞の後に置かれ、「～してみると」という意味を表す。目的語は "起" と "来" の間に置く。【"起来" のみ】

这台电脑**用起来**挺方便的。
Zhè tái diànnǎo yòngqǐlai tǐng fāngbiàn de.
（このパソコンは使ってみるととても便利だ。）

她**做起事来**非常认真。
Tā zuòqǐ shì lai fēicháng rènzhēn.
（彼女は仕事に取り組むと非常に真剣だ。）

(5) 動作や状態が暗から明へ、静から動へ、弱から強へとしだいに変わっていく過程を表す。p.77 の "下来"(4) と相反している。【"起来" のみ】

天**亮起来**了。Tiān liàngqǐlai le.
（朝が明けた。）

病好了，他又开始**活跃起来**了。
Bìng hǎo le, tā yòu kāishǐ huóyuèqǐlai le.
（病気がよくなり、彼は再び元気になった。）

5 下去 🔊 035

"说 shuō（話す、言う）、讲 jiǎng（話す）、活 huó（生きる）、研究 yánjiū（研究する、検討する）、坚持 jiānchí（堅持する）" などの動詞の後に置かれ、現在行っている動作や状態がこれからも続いていくことを表す。目的語を伴う場合、その目的語を述語の後ではなく、述語の前か主語の前に置く必要がある。

这个信息太重要了，请你**说下去**。

Zhège xìnxī tài zhòngyào le, qǐng nǐ shuōxiàqu.

（この情報はとても重要だから、話を続けてください。）

虽然现在生活很艰苦，但是我们也要**坚持下去**。

Suīrán xiànzài shēnghuó hěn jiānkǔ, dànshì wǒmen yě yào jiānchíxiàqu.

（今は生活がたいへん厳しいけれども、ふんばり続けなければならない。）

6 过来　🔊)036

"恢复 huīfù（回復する）、清醒 qīngxǐng（意識が戻る）、明白 míngbai（わかる）、纠正 jiūzhèng（是正する）、改 gǎi（直す）"などの動詞の後に置かれ、元の状態または正常な状態に戻ることを表す。通常ポジティブな意味に使われる。

他的身体已经**恢复过来**了。

Tā de shēntǐ yǐjīng huīfùguòlai le.

（彼の体はすでに回復した。）

这个坏习惯能**改过来**吗？

Zhège huài xíguàn néng gǎiguòlai ma ?

（この悪い習慣は直すことができますか。）

7 过去　🔊)037

"昏 hūn（意識を失う）、死 sǐ（死ぬ）、晕 yūn（めまいがする）"などの健康的によくない状態を表す動詞の後に置かれ、正常な状態を失うことを表す。"过来"と相反してネガティブな意味に使われる。

病人因失血过多，**昏过去**了。

Bìngrén yīn shīxuè guò duō, hūnguòqu le.

（患者は出血が多すぎて気を失った。）

她吓得**晕了过去**。Tā xiàde yūnle guòqu.

（彼女は驚いて気を失った。）

1 次の（　　）に入る適切な語句を【　】から選びなさい。(重複使用不可)

【 上　下　起　下来　出来　下去　过来　起来 】

1) 她最近好像又胖（　　　　）了。

2) 你是不是爱（　　　　）她了呀？

3) 经过抢救，他终于醒（　　　　）了。

4) 弟弟突然想（　　　　）一个好主意。

5) 她一提（　　　　）这件事我就生气。

6) 这份工作虽然很辛苦，但是我愿意做（　　　　）。

7) 教室里突然安静（　　　　）了。

8) 他一到家就脱（　　　　）大衣躺在沙发上。

2 次の（　　）に入る適切な語句を、①〜④から選びなさい。

1) 店员用纸把花包了（　　　　）。

　　①过来　　②过去　　③起来　　④下来

2) 上小学时我就喜欢（　　　　）了足球。

　　①出　　②上　　③过去　　④下去

3) 这个蛋糕虽然很好吃，但是做（　　　　）很麻烦。

　　①下来　　②过来　　③起来　　④出来

4) 这里的风景太美了，我想把它们全部画（　　　　）。

　　①下　　②起　　③下去　　④下来

5) 你不用再说（　　　　）了，我都明白了。

　①下去　　②下来　　③起来　　④过来

6) 他已经收（　　　　）电脑准备回家了。

　①起　　②下　　③出来　　④过去

7) 她最近身体不好，明显地瘦（　　　　）了。

　①过来　　②过去　　③起来　　④下来

8) 怎么去车站，我已经记（　　　　）了。

　①上　　②下来　　③出　　④起来

3 次の日本語の意味に合うよう、語句を並べ替えなさい。

1) 北京と言えば、皆が万里の長城を思い浮かべる。

北京 / 会 / 长城 / 大家 / 说起 / 想到 / 就 / ，/ 。

2) 春が来て、花が咲きはじめた。

花 / 春天 / 也 / 开 / 来 / 起来 / 了 / 了 / ，/ 。

3) 今週の会議の日程をメモしてください。

日程 / 请 / 会议 / 这星期 / 下来 / 的 / 把 / 记 / 。

4) 母が亡くなったことを聞いて、彼女はすぐに気を失った。

去世 / 她 / 消息 / 母亲 / 听到 / 过去 / 晕了 / 的 / 马上 / ，/ 。

5) この問題はこれ以上検討する必要はない。

没有 / 这个 / 研究 / 问题 / 再 / 下去 / 必要 / 了 / 。

6) 今回の旅行は私に深い印象を残した。

留下 ／ 旅行 ／ 印象 ／ 给我 ／ 深刻 ／ 这次 ／ 了 ／
的 ／ 的 ／ ， ／ 。

7) 治療の結果、彼の体力はすでに回復した。

治疗 ／ 他 ／ 已经 ／ 经过 ／ 恢复 ／ 了 ／ 的 ／
过来 ／ 体力 ／ ， ／ 。

8) 事故原因はまだはっきりしておらず、調査を続ける必要がある。

清楚 ／ 我们 ／ 事故 ／ 不 ／ 得 ／ 下去 ／ 还 ／
调查 ／ 原因 ／ 继续 ／ ， ／ 。

4 ［ ］の語句を使って、次の日本語を中国語に訳しなさい。

1) 雨が降ってきたので、窓を閉めてください。 ［ 关上 ］

2) ここにあなたの電話番号を書いてください。 ［ 写下 ］

3) 母は家に着くとすぐに夕食の準備を始める。 ［ 做，起来 ］

4) 中国語は難しいが、私は学習を続けていくつもりだ。 ［ 学，下去 ］

5) これは父方の祖父が残した家だ。 ［ 留，下来 ］

6) 彼女の体はすでに回復した。 ［ 恢复，过来 ］

7) 言うのはやさしいが、やるのは難しい。 ［ 说，做，起来 ］

8) 彼女はついに自分の考え方を話しだした。 ［ 说出 ］

➡解答と解説 p.139

第 10 章

可能補語（2）

试一试 やってみよう

次の日本語に合う正しい文を選びなさい。

私にとってフランス料理は高すぎて食べられない。

Ⓐ 对我来说，法国菜太贵不能吃。

Ⓑ 对我来说，法国菜太贵吃不起。

答一答 確認しよう

「食べられない」＝"不能吃"と考えれば、Ⓐが正しいように見えますが、正解はⒷです。Ⓑに使われている"起"は元々「起きる」という意味であり、方向補語の一つでもありますが、"吃起"は単独で使用できません。"吃得起"や"吃不起"といった可能補語の形式を使わなければ成り立たないのです。この"起"は金銭的に余裕があることを表し、"吃不起"は「高価すぎて食べられない」という意味になります。

第5章（p.38）では、可能補語は動詞と結果補語・方向補語の間に"得"または"不"を入れて形成されることについて学習しました。しかし、"吃得起"や"吃不起"のように可能補語の形式でのみ使用される例外もあります。

本章では、このような例外の中から、"〜了、〜起、〜动、〜下、〜得"がつく可能補語について説明します。

1 動詞＋"得了／不了"

🔊》038

[動詞＋"得了／不了"] は可能補語の一つのパターンとして、話し言葉ではよく使われます。ここの"了"は"le"ではなく、"liǎo"と発音するので注意しましょう。このパターンの可能補語には以下の2つの機能があります。目的語はふつう可能補語の後に置きますが、目的語に複数の修飾語がある場合、または目的語を強調したい場合は動詞か主語の前にも置けます。

（1）動作を行う可能性を表し、多数の動詞と組み合わせて使える。客観的・物理的な要因により、行動が実行できない時に使われることが多い。

抱歉，晚上得加班，**去不了**了。

Bàoqiàn, wǎnshang děi jiābān, qùbuliǎo le.

（ごめん、夜は残業しなければならないから、行けなくなった。）

她病得**起不了**床了。

Tā bìngde qǐbuliǎo chuáng le.

（彼女は病気で起き上がれなくなった。）

（2）「〜しきる」の意味を表し、動詞"吃、喝"と一緒に使うことが多い。

她一个人怎么**喝得了**这么多酒？

Tā yí ge rén zěnme hēdeliǎo zhème duō jiǔ ?

（彼女一人でこんなにたくさんのお酒を飲めるわけがないでしょ？）

别勉强，**吃不了**就剩下吧。

Bié miǎnqiǎng, chībuliǎo jiù shèngxià ba.

（無理しないで、食べきれないなら残していいよ。）

2 動詞＋“得起 / 不起”

🔊))039

この場合の“起”は本来の「起きる」という意味が消え、金銭的に余裕があるかどうかを表す。“吃、喝、买、坐、住”などの動詞と一緒に使うことが多い。

这台电脑太贵了，我**买不起**。

Zhè tái diànnǎo tài guì le, wǒ mǎibuqǐ.

（このパソコンは高すぎて、私には買えない。）

中国游客都说日本的出租车**坐不起**。

Zhōngguó yóukè dōu shuō Rìběn de chūzūchē zuòbuqǐ.

（中国の観光客はみな日本のタクシーは高すぎて乗れないと言っている。）

3 動詞＋“得动 / 不动”

🔊))040

力で動かせるかどうかを表し、“走、跑、爬、跳、搬、拿”などの体力を消耗する動詞と一緒に使うことが多い。

我**爬不动**了，休息一会儿吧。

Wǒ pábudòng le, xiūxi yíhuìr ba.

（もう登れないから、ちょっと休もう。）

这么重的桌子你们**搬得动**吗？

Zhème zhòng de zhuōzi nǐmen bāndedòng ma ?

（こんな重い机、運ぶことができますか。）

4 動詞＋“得下 / 不下”

🔊))041

収容する余裕があるかどうかを表し、“吃、喝、住、坐、放”などの動詞と一緒に使うことが多い。

这辆车**坐不下**六个人。 Zhè liàng chē zuòbuxià liù ge rén.

（この車には 6 人は座れない。）

书架里**放得下**这么多书吗？

Shūjiàli fàngdexià zhème duō shū ma ?

（本棚にはこんなにたくさん本が収納できますか。）

5 動詞＋"不得"

ネガティブな（望ましくない）結果を引き起こすことを考慮し、その動作を行うことを控えておく場合に使う。"不能" に置き換えることができる。また、このパターンの可能補語はふつう否定形しか使わない。一緒に使える動詞も限られており、"吃、喝、买、看、说、做、摸" などが多く使われる。

过期的食品**吃不得**。

Guòqī de shípǐn chībude.

（消費期限が過ぎた食品は食べられない。）

骗人的事**做不得**。

Piàn rén de shì zuòbude.

（人を騙すことをやってはいけない。）

博物馆里的展品**摸不得**。

Bówùguǎnli de zhǎnpǐn mōbude.

（博物館内の展示品は触っていけない。）

COLUMN "〜不了" と "不能〜"

可能補語 "〜不了" と助動詞を使った "不能〜" はいずれも「〜できない」と訳すことができますが、両者には少し異なる意味があります。"〜不了" が客観的・物理的な要因により、その行動を行う能力を持たないことを表すのに対して、"不能〜" は規則や命令、または個人の健康などの主観的な理由により、その行動を行うことが許されないことを強調します。

孩子病了，今天的聚会我**参加不了**了。

Háizi bìng le, jīntiān de jùhuì wǒ cānjiābuliǎo le.

（子どもが病気になったので、今日のパーティには参加できなくなった。）

学校规定教室里**不能吸烟**。

Xuéxiào guīdìng jiàoshìli bù néng xīyān.

（学校の規則では教室内での喫煙は禁止されている。）

1 次の（　）に入る適切な語句を【　】から選びなさい。（重複使用不可）

【　放得下　买得起　进不了　吃不起
　喝不了　拿不动　吃不下　说不得　】

1) 东西太重，我一个人（　　　　　　）。

2) 这个房间大，（　　　　　　）两张床。

3) 高级寿司太贵了，我们学生（　　　　　　）。

4) 百货店里的品牌包我怎么（　　　　　　）？

5) 我现在不饿，（　　　　　　）。

6) 这个话题很敏感，在公共场合（　　　　　　）。

7) 商场十点开门，现在才九点（　　　　　　）。

8) 中药太苦了，我（　　　　　　）。

2 次の（　）に入る適切な語句を、①〜③から選びなさい。

1) 走了快一个小时了，我走（　　　　）了。

　①得下　　②不动　　③不起

2) 你喝酒了，开（　　　　）车，我来吧。

　①不下　　②不了　　③不起

3) 太远了，不开车怎么去（　　　　）？

　①得起　　②得下　　③得了

4) 这个房间住（　　　　）五个人。

　①不下　　②不起　　③得了

5) 对不起，我明天有事去（　　　）了。

①不动　　②不了　　③得了

6) 这个电影未成年人看（　　　）。

①不起　　②不动　　③不得

7) 这么高级的车，我怎么买（　　　）？

①得起　　②得动　　③得下

8) 这孩子很任性，一点儿也说（　　　）。

①不起　　②不动　　③不得

3 次の日本語の意味に合うよう、語句を並べ替えなさい。

1) 荷物が多すぎて、私1人では持てない。

太多 ／ 我 ／ 东西 ／ 拿不了 ／ 一个人 ／ , ／ 。

2) 糖尿病のある人は甘いものを食べられない。

有 ／ 甜食 ／ 糖尿病 ／ 吃不得 ／ 人 ／ 的 ／ 。

3) こんな豪華なホテルに泊まれるの？

豪华 ／ 这么 ／ 你 ／ 吗 ／ 的 ／ 住得起 ／ 酒店 ／ ？

4) 料理一つ作るには、それほど時間がかからない。

花不了 ／ 炒 ／ 分钟 ／ 个 ／ 几 ／ 菜 ／ , ／ 。

5) 彼は今日用事ができて来られなくなったそうだ。

有事 ／ 来不了 ／ 他 ／ 今天 ／ 听说 ／ 了 ／ , ／ 。

6) いまの若者はプレッシャーにまったく耐えられない。

承受不了 / 也 / 一点儿 / 的 / 年轻人 / 压力 / 现在 / ， / 。

7) 先ほどたくさんのお菓子を食べたので、夕飯は食べられなくなった。

吃了 / 晚饭 / 很多 / 刚才 / 吃不下 / 零食 / 了 / ， / 。

8) 外国語を学ぶには近道はない。毎日よく聞きよく練習することでしか上達できない。

急不得 / 只有 / 学 / 每天 / 才能 / 多听多练 / 进步 / 外语 / ， / 。

---

4 ［ ］の語句を使って、次の日本語を中国語に訳しなさい。

1) 彼は今日風邪で授業に来られなくなった。 ［ 来不了 ］

2) 新幹線は高すぎて乗れない。 ［ 坐不起 ］

3) この中華料理屋は安くて、学生でも食べられる。 ［ 吃得起 ］

4) 期限が過ぎた寿司は食べられない。 ［ 吃不得 ］

5) 私は2時間以上話し、話す力がなくなった。 ［ 讲不动 ］

6) 店にある高級腕時計には触れない。 ［ 碰不得 ］

7) この病気はもう治せない。 ［ 治不了 ］

8) この問題は誰が解決できるの？ ［ 解決得了 ］

➡解答と解説 p.142

　方向補語"下来"は本来「下りてくる」、"下去"は「下りていく」という意味ですが、派生的な意味でも多く使われます（p.76, 79）。派生義では、"下来"はある動作や状態が以前から現在まで続いていることを表し、"下去"は現在始まっている動作や状態をこれからも続けていくことを表します。日本語の「〜てきた」と「（続けて）〜ていく」のように理解するとよいでしょう。

我们已经一个小时**练下来**了，可教练让我们继续**练下去**。

Wǒmen yǐjīng yí ge xiǎoshí liànxiàlai le, kě jiàoliàn ràng wǒmen jìxù liànxiàqu.

（私たちはすでに1時間練習したが、コーチはさらに練習を続けるように言った。）

　"练下来"は、1時間前から話をしている時点までずっと（野球やサッカーなどを）練習してきたことを表し、"练下去"は、この後も練習し続けることを表します。

都两个星期**热下来**了，再这样**热下去**，蔬菜都长不出来了。

Dōu liǎng ge xīngqī rèxiàlai le, zài zhèyàng rèxiàqu, shūcài dōu zhǎngbuchūlai le.

（もう2週間暑さが続いている。このまま暑さが続けば、野菜は育たなくなる。）

　"热下来"は現在まで続いている猛暑の状態を表し、"热下去"は猛暑がこれからも続いていくことを表します。

第**10**章

可能補語（2）

第**11**章

様態補語（2）

次の日本語に合う正しい文を選びなさい。

彼女は悲しくて泣きだした。

Ⓐ 她难过得哭了起来。

Ⓑ 她很难过，哭了。

答一答 確認しよう

まず2つの文の構造を見てみましょう。

Ⓐ
主語	述語
她	难过　得　哭了起来
	形容詞　　　様態補語

Ⓐにおいては形容詞"难过"（悲しい）が述語の中心であり、後ろに"得"を用いて"哭了起来"（泣きだした）という様態補語を導きます。つまり、「彼女はとても悲しい、その悲しさは泣いてしまうほどの状態だ」と理解できます。

主語		述語		

Ⓑ 　她　很　难过，哭了。

　　　　　形容詞　　　動詞

　Ⓑにおいては述語として"难过"と"哭"が並列され、いずれも主語"她"の悲しむ感情と泣く行動を表しています。しかし、「悲しくて泣きだした」という日本語を表すには「悲しむ」と「泣く」という行動を並列に述べるのではなく、Ⓐのように様態補語を使うのがより自然で一般的です。したがって、Ⓐが正解です。

理一理　整理しよう

　第２章（p.14）では形容詞が様態補語になる例を多く紹介しました。実際には、形容詞だけでなく、動詞フレーズや形容詞フレーズないし文が様態補語になることも多くあります。本章では、そういったより複雑な形の様態補語について説明します。

POINT 1　🔊») 043

　形容詞が様態補語になる場合はふつう動詞が述語となっています。しかし、動詞フレーズや形容詞フレーズなどが様態補語になる場合は、動詞のみではなく、形容詞が述語となることもよくあります。

　　　　　動詞　　　　　形容詞
他　跑得　很　快。　　　（彼は走るのが速い。）
Tā　pǎode　hěn　kuài.

　　　　　形容詞　　　　動詞フレーズ
他　累得　倒头就睡着了。
Tā　lèide　dǎo tóu jiù shuìzháo le.
（彼は疲れ果てて、ベッドにつくとすぐ眠りに落ちた。）

93

動詞	形容詞フレーズ

他　跑　得　满头大汗。　　　（彼は走って汗だくになった。）
Tā　pǎode　mǎntóu dàhàn.

形容詞		文

这块石头　重　得　我们五个人都搬不动。
Zhè kuài shítou　zhòngde　wǒmen wǔ ge rén dōu bānbudòng.
（この石は重すぎて、私たち5人でも動かせない。）

POINT **2**　　　　　　　　　　🔊 044

　動詞フレーズや形容詞フレーズなどが様態補語になる文においても、述語が離合動詞または［動詞＋目的語］構造の場合は、目的語の後にもう一度最初の動詞を繰り返す必要があります。

他滑雪滑得比谁都好。
　Tā huáxuě huáde bǐ shéi dōu hǎo.
　（彼はスキーが誰よりも上手い。）

她们聊天儿聊得连上课的时间都忘了。
　Tāmen liáotiānr liáode lián shàngkè de shíjiān dōu wàng le.
　（彼女たちはおしゃべりに夢中で、授業の時間すら忘れてしまった。）

铃木说中文说得和中国人一样流利。
　Língmù shuō Zhōngwén shuōde hé Zhōngguórén yíyàng liúlì.
　（鈴木さんは中国人と同じぐらい中国語を流暢に話す。）

　様態補語になれる動詞フレーズ、形容詞フレーズないし文はさまざまあります。以下は中級レベルでよく使われる例です。

述語の例	組み合わされる様態補語の例
高兴 gāoxìng（喜ぶ） 开心 kāixīn（楽しい） 伤心 shāngxīn（悲しくなる） 紧张 jǐnzhāng（緊張する） 兴奋 xīngfèn（興奮する） 激动 jīdòng（興奮する）	跳了起来 tiàole qǐlai（飛び上がる） 唱起歌来 chàngqǐ gē lai（歌いはじめる） 说不出话来 shuōbuchū huà lai（言葉が出てこない） 流下了眼泪 liúxiàle yǎnlèi（涙を流した） 手舞足蹈 shǒuwǔ zúdǎo （うれしくて手足をばたばたさせる）
忙 máng（忙しい） 急 jí（焦る） 累 lèi（疲れている） 饿 è（お腹が空く） 困 kùn（眠い） 渴 kě（のどが渇いている）	团团转 tuántuánzhuàn（目が回る） 倒头就睡 dǎo tóu jiù shuì（寝転び寝る） 满头大汗 mǎntóu dàhàn（汗だくになる） 头晕 tóu yūn（めまいがする） 胃疼 wèi téng（胃が痛む）
气 qì（怒る） 吵 chǎo（騒ぐ） 乱 luàn（散らかっている）	快哭出来了 kuài kūchūlai le（泣きだしそうになる） 面红耳赤 miànhóng ěrchì （怒りや口論などで顔を真っ赤にする） 一塌糊涂 yìtāhútú（完全にめちゃくちゃだ）

孩子们高兴得**跳了起来**。

Háizimen gāoxìngde tiàole qǐlai.

（子どもたちは喜びで飛び上がった。）

她激动得说不出话来。

Tā jīdòngde shuōbuchū huà lai.

（彼女は感動して言葉が出なくなる。）

小狗受伤后，她伤心得流下了眼泪。

Xiǎo gǒu shòushāng hòu, tā shāngxīnde liúxiàle yǎnlèi.

（子犬がけがをした後、彼女は悲しくて涙を流した。）

孩子们在房间里打闹，吵得一塌糊涂。

Háizimen zài fángjiānli dǎnào, chǎode yìtāhútú.

（子供たちが部屋で騒いでいて、めちゃくちゃうるさい。）

练 一 练 練習しよう

1　次の（　）に入る様態補語を Ⓐ～Ⓗ から選びなさい。（重複使用不可）

1）他们开心得（　　　　　）。

2）买不到机票，他急得（　　　　　）。

3）回到家，他累得（　　　　　）。

4）她难过得（　　　　　）。

5）面试时我紧张得（　　　　　）。

6）她气得（　　　　　）。

7）她忙得（　　　　　）。

8）没吃早饭，我饿得（　　　　　）。

Ⓐ　团团转

Ⓑ　流下了眼泪

Ⓒ　面红耳赤

Ⓓ　头晕

Ⓔ　唱起歌来

Ⓕ　倒头就睡

Ⓖ　连吃饭的时间都没有

Ⓗ　说不出话来

2　次の中国語を日本語に訳しなさい。

1）他兴奋得手舞足蹈。

2）我忙得已经一周没回家了。

3）房间里乱得一塌糊涂。

4）考试时我紧张得满头大汗。

5）他看足球赛看得连饭也忘了吃。

6）听到这个消息，她伤心得哭了起来。

7) 他高兴得一晚上没睡觉。

8) 她最近每天都在准备考试，累得胃疼。

3 次の日本語の意味に合うよう、語句を並べ替えなさい。

1) 上の階がめちゃくちゃうるさくて、全然眠れない。

没法 ／ 吵得 ／ 根本 ／ 一塌糊涂 ／ 楼上 ／ 睡觉 ／ ，／ 。

2) 母は毎日忙しくててんてこ舞いだ。

妈妈 ／ 团团转 ／ 每天 ／ 忙得 ／ 。

3) 初めて舞台に立ち、彼女は緊張してセリフを間違えてしまった。

表演 ／ 台词 ／ 第一次 ／ 紧张得 ／ 说错了 ／ 她 ／ 上台 ／，／ 。

4) ここの物価は信じられないほど高い。

让人 ／ 物价 ／ 不敢 ／ 这里 ／ 贵得 ／ 的 ／ 相信 ／ 。

5) パソコンが壊れてしまい、彼女は泣きだしそうなほど焦った。

快 ／ 电脑 ／ 她 ／ 哭 ／ 急得 ／ 坏 ／ 出来 ／ 了 ／ 了 ／，／ 。

6) 私は喉が渇いて一気に１本の水を飲みきった。

渴得 ／ 我 ／ 了 ／ 一口气 ／ 一瓶 ／ 喝完 ／ 水 ／ 。

7) 彼はテレビに夢中になって、食事さえとらない。

连 ／ 吃 ／ 他 ／ 饭 ／ 也 ／ 电视 ／ 看得 ／ 不 ／ 看 ／ 。

8) 息子が大学に合格したので、お母さんは喜んでたくさんの料理を作った。

妈妈 / 考上 / 高兴得 / 做 / 很多 / 儿子 / 菜 /
大学 / 了 / 了 / ， / 。

4 ［　］の語句を使って、次の日本語を中国語に訳しなさい。

1) 彼女は喜びで飛び上がった。　　　　　　　　　　［　高兴得　］

2) 私は疲れて全然動きたくない。　　　　　　　　　［　累得　］

3) 昨日私は眠くてすぐ眠りについた。　　　　　　　［　困得　］

4) 彼は忙しくてまだ夕飯さえ食べていない。　　　　［　忙得　］

5) 私はいまお腹がすいていて何でも食べたい。　　　［　饿得　］

6) 彼女は歌が誰よりも上手い。　　　　　　　　　　［　唱歌唱得　］

7) トイレがめちゃくちゃ汚れている。　　　　　　　［　脏得　］

8) 子どもたちは走って汗だくになった。　　　　　　［　跑得　］

➡解答と解説 p.145

可能補語（3）

试一试 やってみよう

次の日本語に合う正しい文を選びなさい。

私は緊張すると答えられなくなる。

(A) 我一紧张就回答不出来。

(B) 我一紧张就回答不过来。

答一答 確認しよう

　この "出来" には方向補語の「出てくる」という意味はなく、考えたことが言葉に現れるといった派生的な意味で使われています。このような派生義は可能補語としても使われますので、(A)の "回答不出来" が正解です。一方、"回答不过来" は時間や能力が足らず、全体に行きわたらない状態を表す時に使います。"紧张" とは意味がかみ合わないため、(B)の文は成立しません。

　これまでに、可能補語は動詞と結果補語または方向補語の間に"得／不"を入れて形成されること（p.39）、方向補語は多くの派生義を持つこと（p.75）を学んできました。実際には、動詞と方向補語の派生義の間に"得／不"を加えることで、可能補語としても多く使われています。その場合、目的語は主語の前に置くことが多いですが、述語の前か方向補語の後に置くこともでき、中には方向補語の"来／去"の前に置く必要があるものもあります。これらは学習者にとっては理解が難しいかもしれません。

　最後の章では、上級レベルで頻出する可能補語の使い方を説明します。方向補語の派生義を復習しながら、練習問題に取り組むことで、これらの使い方を身につけましょう。

1 上

)) 046

（1）開いた状態から合わさった状態に向かう動作について、可能かどうかを表す。

门锁得上吗？ Mén suǒdeshàng ma？
（ドアは施錠できますか。）

地震把窗户震坏了，关不上了。
Dìzhèn bǎ chuānghu zhènhuài le, guānbushàng le.
（地震で窓が壊れて閉まらなくなった。）

（2）ある目標に達することが可能かどうかを表す。

你不努力学习的话，怎么考得上好大学？
Nǐ bù nǔlì xuéxí de huà, zěnme kǎodeshàng hǎo dàxué？
（努力して勉強しないなら、どうやってよい大学に合格できるの？）

我们到了目的地才发现所有的酒店都住不上。
Wǒmen dàole mùdìdì cái fāxiàn suǒyǒu de jiǔdiàn dōu zhùbushàng.
（目的地に着いてから、すべてのホテルが満室で泊まれないことに気づいた。）

2 下来

(1) 人や事物を忘れない、消えないように記録しておくことが可能かどうか
を表す。

这么多单词你能**背得下来**吗？

Zhème duō dāncí nǐ néng bèidexiàlai ma ?

（これほど多くの単語を覚えられますか。）

小鸟飞得太快了，我根本**拍不下来**。

Xiǎo niǎo fēide tài kuài le, wǒ gēnběn pāibuxiàlai.

（小鳥は飛ぶのが速すぎて、私はまったく撮ることができない。）

(2) 事物をある場所から分離させる動作が可能かどうかを表す。

墙上的老照片贴得太牢，**摘不下来**了。

Qiángshang de lǎo zhàopiàn tiēde tài láo, zhāibuxiàlai le.

（壁の古い写真は強く貼り付けられていて、取り外せなくなった。）

这双鞋太紧了，她怎么也**脱不下来**。

Zhè shuāng xié tài jǐn le, tā zěnme yě tuōbuxiàlai.

（この靴はきつすぎて、彼女はどうやっても脱げない。）

(3) 動作や状態が以前から現在まで続くことが可能かどうかを表す。

才三公里的路你都**跑不下来**吗？

Cái sān gōnglǐ de lù nǐ dōu pǎobuxiàlai ma ?

（たった3キロの道でも走り続けられないの？）

这草莓太好吃了，我吃得都**停不下来**了。

Zhè cǎoméi tài hàochī le, wǒ chīde dōu tíngbuxiàlai le.

（このイチゴはとてもおいしくて、食べたらもう止まらなくなる。）

現在行っている動作や状態がこれからも続くことが可能かどうかを表す。

父亲病了，生意越来越**做不下去**了。

Fùqin bìng le, shēngyì yuè lái yuè zuòbuxiàqu le.

（父が病気になり、商売がますますうまくいかなくなった。）

你每天吃这么多，怎么能**瘦得下去**呢？

Nǐ měitiān chī zhème duō, zěnme néng shòudexiàqu ne ?

（毎日こんなに食べていて、どうやって痩せられるの？）

4 出・出来 🔊))**049**

(1) 口に出すことや行動に移すことが可能かどうかを表す。1 音節の目的語は ふつう"出来"の間に置く。

你怎么**做得出**这么丢人的事？

Nǐ zěnme zuòdechū zhème diūrén de shì ?

（なぜこんな恥ずかしいことができるの？）

我一紧张就**说不出**|话|来。

Wǒ yì jǐnzhāng jiù shuōbuchū huà lai.

（私は緊張すると言葉が出てこない。）

(2) 隠れた状態から現れた状態になることが可能かどうかを表す。人称代名 詞が目的語になる場合は"出来"の間に置かなければならない。

看得出(来) 你很喜欢她。

Kàndechū(lai) nǐ hěn xǐhuan tā.

（あなたが彼女をとても好きなのが見てわかる。）

几年不见，我都**认不出**|她|(来) 了。

Jǐ nián bú jiàn, wǒ dōu rènbuchū tā (lai) le.

（数年ぶりに会ったら、彼女が誰だかわからなくなった。）

5 起・起来

050

動詞 "想" としか組み合わせられず、「思い出す」ことが可能かどうかを表す。

你还**想得起**小学同学的名字吗？
Nǐ hái xiǎngdeqǐ xiǎoxué tóngxué de míngzi ma ?
（まだ小学校の同級生の名前を思い出せますか。）

那首歌的歌名我**想不起来**了。
Nà shǒu gē de gēmíng wǒ xiǎngbuqǐlai le.
（あの曲名が思い出せなかった。）

6 过来

（1）元の状態または正常な状態に戻ることが可能かどうかを表す。

不好好儿休息，身体怎么**恢复得过来**呢？
Bù hǎohāor xiūxi, shēntǐ zěnme huīfùdeguòlai ne ?
（十分に休息をとらなければ、体はどうやって回復できるの？）

多年养成的坏习惯已经**改不过来**了。
Duōnián yǎngchéng de huài xíguàn yǐjīng gǎibuguòlai le.
（長年身についた悪い癖はもう直せない。）

（2）時間や能力または数量が足りるか、全体的に行きわたる状態を維持することが可能かどうかを表す。

提问的人太多，我**回答不过来**。
Tíwèn de rén tài duō, wǒ huídábuguòlai.
（質問が多すぎて、私は答えきれない。）

病人太多，我一个人**照顾不过来**。
Bìngrén tài duō, wǒ yí ge rén zhàogùbuguòlai.
（患者が多すぎて、私一人では面倒を見切れない。）

7 过去

 052

"看、说"といった限られた動詞としか組み合わせられず、行動の可能性や許容性を表す。

我有点儿**看不过去**，就去帮了她一把。

Wǒ yǒudiǎnr kànbuguòqu, jiù qù bāngle tā yì bǎ.

（私はちょっと見ていられなかったので、彼女を手伝いに行った。）

都工作了还问父母要钱，你**说得过去**吗？

Dōu gōngzuòle hái wèn fùmǔ yào qián, nǐ shuōdeguòqu ma？

（もう働いているのにまだ両親にお金を無心するなんて、許されると思う？）

COLUMN　"想不出来"と"想不起来"

　"想出来"は本来存在していないものや隠れていたものが現れることを示し、特に新しい解決策を考え出したり、新しいアイディアを思いついたりする時に使います。一方、"想起来"は過去の出来事や記憶が再び浮かんでくることを示し、特に忘れていたことを思い出す時に使います。この"出来"と"起来"はいずれも方向補語の派生義であり、"得／不"を間に挿入して可能補語としても多く使用されます。目的語を伴う場合は、ふつう"出"と"来"、"起"と"来"の間に置くことが多いですが、補語の後に置くことも可能です。

路上车坏了，可是谁也**想不出来**该怎么办。

Lùshang chē huài le, kěshì shéi yě xiǎngbuchūlai gāi zěnme bàn.

（道中車が故障した。しかし誰もどうすればいいか思いつかなかった。）

我以前见过他，可一下子**想不起**他的名字**来**。

Wǒ yǐqián jiànguo tā, kě yíxiàzi xiǎngbuqǐ tā de míngzi lai.

（以前会ったことがあるが、すぐには彼の名前を思い出せない。）

最近记忆力越来越差，昨天做了什么都**想不起来**了。

Zuìjìn jìyìlì yuè lái yuè chà, zuótiān zuòle shénme dōu xiǎngbuqǐlai le.

（最近、記憶力がどんどん悪くなり、昨日何をしたかも思い出せなくなった。）

第**12**章　可能補語（3）

1 次の（　）に入る適切な語句を【 】から選びなさい。(重複使用不可)

【 解决得过来　过得上　忙不过来　听得出来
　背得下来　　想得出　坚持得下去　看不下去 】

1) 她说话有口音，你（　　　　　　）吗？

2) 每天锻炼两个小时，你（　　　　　）吗？

3) 想做的事很多，可是（　　　　　　）。

4) 这么长的诗你（　　　　　）吗？

5) 你（　　　　　）什么好办法吗？

6) 只有在和平的年代里，老百姓才能（　　　　）好日子。

7) 这么多问题你们（　　　　　）吗？

8) 这个电影太恐怖了，她吓得（　　　　　　），走出了电影院。

2　Ⓐ・Ⓑのうち、それぞれ正しい文を選びなさい。

1) Ⓐ 看不出来她已经当妈妈了。

　　Ⓑ 认不出来她已经当妈妈了。

2) Ⓐ 自行车的灯坏了，想换一个可是我拆不出来。

　　Ⓑ 自行车的灯坏了，想换一个可是我拆不下来。

3) Ⓐ 行李太多了，箱子都关不下去了。

　　Ⓑ 行李太多了，箱子都关不上了。

4) Ⓐ 她激动得说不出来话。

　　Ⓑ 她激动得说不出话来。

5) Ⓐ 面试官的提问太难了，我回答不出来。

   Ⓑ 面试官的提问太难了，我回答不过来。

6) Ⓐ 他说得太快，我记不下来。

   Ⓑ 他说得太快，我记不出来。

7) Ⓐ 十年没见，我都认不出来他了。

   Ⓑ 十年没见，我都认不出他来了。

8) Ⓐ 这么无聊的电影，谁看得下去？

   Ⓑ 这么无聊的电影，谁看得下来？

3 次の日本語の意味に合うよう、語句を並べ替えなさい。

1) 彼女が話しているのは標準語ではないことを聞いてわかりませんか。
   说的 ／ 普通话 ／ 她 ／ 听不出来 ／ 你 ／ 吗 ／ 不是 ／ ，／ 。

2) 1 週間休んだけど、体力が相変わらず回復できない。
   休息 ／ 体力 ／ 了 ／ 恢复不过来 ／ 一个星期 ／ 还是 ／ ，／ 。

3) 彼は走るのが速すぎて、私はどうしても追いつけない。
   怎么也 ／ 他 ／ 太快了 ／ 追不上 ／ 我 ／ 跑得 ／ ，／ 。

4) まだ小学校にも上がっていないのに、彼女は多くの唐詩を覚えられる。
   上 ／ 她 ／ 还没 ／ 背得出来 ／ 唐诗 ／ 就 ／ 小学 ／
   不少 ／ ，／ 。

5) 患者のけがは重すぎて、もう助からない。
   太重 ／ 已经 ／ 病人 ／ 救不过来 ／ 伤势 ／ 了 ／ 的 ／ ，／ 。

6) この仕事はつまらなすぎて、私には続けられない。

工作 ／ 干不下去 ／ 没意思 ／ 这个 ／ 我 ／ 太 ／ 了 ／ , ／ 。

7) この問題は難しすぎて、正しい答えが思いつかない。

我 ／ 答案 ／ 这 ／ 太难了 ／ 想不出 ／ 道 ／ 题 ／
正确 ／ , ／ 。

8) 弟にお金を借りるなんて、あなたは口に出せると思う？

弟弟 ／ 说得过去 ／ 问 ／ 借钱 ／ 你 ／ 吗 ／ , ／ ?

4 [　] の語句を使って、次の日本語を中国語に訳しなさい。

1) ドアが壊れて、閉められない。　　　　　　　　 [　关不上　]

2) 疲れすぎて、もう頑張れない。　　　　　　　　 [　坚持不下去　]

3) この漢字を発音できますか。　　　　　　　　　 [　念得出来　]

4) 以前の電話番号が思い出せなくなった。　　　　 [　想不起来　]

5) これらの動物の名前を、彼女はすべて言える。　 [　叫得出来　]

6) 韓国ドラマを見はじめると、彼女は止まらなくなる。[　停不下来　]

7) 大学に受からなかったら、どうするつもりですか。[　考不上　]

8) お客さんが多すぎて、私一人では忙しくて対応しきれない。

[　忙不过来　]

➡解答と解説 p.148

"赶不上"と"来不及"はどちらも「間に合わない」、「追いつかない」という意味を持つ可能補語ですが、目的語にとるものが異なります。"赶不上"の後にはふつう名詞や人称代名詞の目的語が置かれ、電車などの交通機関のほか、会議や授業など、時間厳守のことがらについて使用されることが多いです。

一方、"来不及"の後には動詞または［動詞＋目的語］の構造しか使用できず、時間の制約により何らかの行動を行うのが難しいことを表します。仕事の締切りやイベントの準備など、より広い対象について使用することができます。

再不出门就赶不上 飞机 了。

Zài bù chūmén jiù gǎnbushàng fēijī le.

（今すぐ出発しないと、飛行機に間に合わなくなるよ。）

他跑得太快了，我怎么也赶不上 他 。

Tā pǎode tài kuài le, wǒ zěnme yě gǎnbushàng tā.

（彼は走るのが速すぎて、私はどうしても追いつけない。）

截至日期是明天，这次来不及 申请 了。

Jiézhǐ rìqī shì míngtiān, zhè cì láibují shēnqǐng le.

（締切は明日なので、今回は申請が間に合わない。）

今天起晚了，来不及 吃早饭 了。

Jīntiān qǐwǎn le, láibují chī zǎofàn le.

（今日は起きるのが遅くて、朝ごはんを食べる時間がなくなった。）

可能補語には、日常生活で慣用句としてよく使われるものが多くあります。形式としては、次の3つに分類できます。

🔊 **053**

A	動詞と結果補語または方向補語から形成されたもの（動詞＋"得/不"＋結果補語・方向補語）		
睡不着 shuìbuzháo	眠れない	**工作压力大，晚上常常睡不着。** Gōngzuò yālì dà, wǎnshang chángcháng shuìbuzháo. 仕事のストレスが大きくて、夜はよく眠れない。	
想不到 xiǎngbudào	思いもよらない	**想不到他已经是公司的总经理了。** Xiǎngbudào tā yǐjīng shì gōngsī de zǒngjīnglǐ le. 彼がもう会社の社長になっているとは思いもよらなかった。	
想不通 xiǎngbutōng	理解に苦しむ	**真想不通她为什么要辞职。** Zhēn xiǎngbutōng tā wèishéme yào cízhí. 彼女がなぜ辞職したいのか本当に理解できない。	
赶不上 gǎnbushàng	追いつかない	**他跑得太快，我赶不上他。** Tā pǎode tài kuài, wǒ gǎnbushàng tā. 彼は走るのが速すぎて、私は彼に追いつけない。	
离不开 líbukāi	離れられない	**现代人的生活离不开手机。** Xiàndài rén de shēnghuó líbukāi shǒujī. 現代人の生活は携帯電話なしでは成り立たない。	
吃不惯 chībuguàn	口に合わない、食べ慣れない	**我吃不惯太辣的食物。** Wǒ chībuguàn tài là de shíwù. 私は辛すぎる食べ物には慣れていない。	
说不定 shuōbudìng	もしかすると～かもしれない	**天暗下来了，说不定要下雨了。** Tiān ànxiàlai le, shuōbudìng yào xià yǔ le. 空が暗くなってきた。もしかしたら雨が降るかもしれない。	
顾不上 gùbushàng	手が回らない	**她每天忙于工作，顾不上家里的事。** Tā měitiān mángyú gōngzuò, gùbushàng jiāli de shì. 彼女は毎日仕事で忙しくて、家のことまで手が回らない。	
信不过 xìnbuguò	信用できない	**难道你信不过我吗？** Nándào nǐ xìnbuguò wǒ ma？ まさか私を信用していないの？	
靠不住 kàobuzhù	頼りにならない、当てにならない	**这样的人完全靠不住。** Zhèyàng de rén wánquán kàobuzhù. こんな人はまったく頼りにならない。	

Ⓑ 可能補語の形のみ使用するもの （"得 / 不" を挿入しない形では使えない）		

来不及 láibují	間に合わない	明天的会议我**来不及**准备了。 Míngtiān de huìyì wǒ láibují zhǔnbèi le. 明日の会議は準備が間に合わなくなった。
合得来 hédelái	気が合う	她们俩挺**合得来**的。 Tāmen liǎ tǐng hédelái de. 彼女たち二人はとても気が合う。
吃得消 chīdexiāo	耐えられる	一天工作十个小时，谁**吃得消**？ Yìtiān gōngzuò shí ge xiǎoshí, shéi chīdexiāo？ 1日に10時間も働くなんて、誰が耐えられるの？
看不起 kànbuqǐ	ばかにする、 見下す	他因为家里穷，被别人**看不起**。 Tā yīnwèi jiāli qióng, bèi biéren kànbuqǐ. 彼は家が貧しいため、よく他人に見下されている。
受不了 shòubuliǎo	たまらない、 耐えられない	这么吵的环境，我真的**受不了**。 Zhème chǎo de huánjìng, wǒ zhēn de shòubuliǎo. こんなにうるさい環境には、本当に耐えられない。
比不上 bǐbushàng	劣る、 及ばない	他在学习方面**比不上**他妹妹。 Tā zài xuéxí fāngmiàn bǐbushàng tā mèimei. 彼は勉強の面では妹に劣っている。

Ⓒ 可能補語の否定形のみ使用するもの		

恨不得 hènbude	～したくてた まらない	她**恨不得**马上去北海道度假。 Tā hènbude mǎshàng qù Běihǎidào dùjià. 彼女はすぐにでも北海道へバカンスに行きたがっている。
怪不得 guàibude	道理で～だ、 ～するのも無 理はない	她在美国留过学，**怪不得**英语那么好。 Tā zài Měiguó liúguo xué, guàibude Yīngyǔ nàme hǎo. 彼女はアメリカに留学経験がある。道理で英語があんなに上手なわけだ。
舍不得 shěbude	～するのが 惜しい	这件衣服虽然很旧，可是她**舍不得**扔。 Zhè jiàn yīfu suīrán hěn jiù, kěshì tā shěbude rēng. この服はとても古いが、彼女は捨てるのを惜しんでいる。
怨不得 yuànbude	～のせいでは ない	是我的责任，**怨不得**她。 Shì wǒ de zérèn, yuànbude tā. 彼女のせいではなく、私の責任だ。
由不得 yóubude	～の勝手にさ せられない	这件事**由不得**我，需要上级批准。 Zhè jiàn shì yóubude wǒ, xūyào shàngjí pīzhǔn. この件は私には判断できない。上司の承認が必要だ。

1 Ⓐ・Ⓑのうち、それぞれ正しい文を選びなさい。

1) Ⓐ 请放鞋在鞋柜里。

Ⓑ 请把鞋放在鞋柜里。

2) Ⓐ 他从地上捡起了一把钥匙。

Ⓑ 他从地上捡回了一把钥匙。

3) Ⓐ 她离了五年婚，也没有再婚。

Ⓑ 她离婚五年了，也没有再婚。

4) Ⓐ 她的心情渐渐地平静下来了。

Ⓑ 她的心情渐渐地平静下去了。

5) Ⓐ 这个手术很复杂，不知道他能不能恢复得过来。

Ⓑ 这个手术很复杂，不知道他能不能恢复得过去。

6) Ⓐ 这么大一瓶酒，我们两个人怎么喝得上？

Ⓑ 这么大一瓶酒，我们两个人怎么喝得了？

2 次の日本語の意味に合うよう、語句を並べ替えなさい。

1) あなたがちょっと外出している間に、あなたを尋ねてきた人がいた。

您 / 您 / 一会儿 / 找 / 有人 / 出去 / 就 / 不 / 来 / ， / 。

2) 3時間残業した後、彼女はあまりに疲れてごはんさえ食べたくなかった。

她 / 三个 / 加了 / 累得 / 也 / 班 / 不想 / 连 / 吃 / 小时 / 饭 / ， / 。

3）彼女は背が低すぎて、本棚の本を取ることができない。

太 / 书架上 / 矮 / 个子 / 取 / 了 / 她 / 不 /
的 / 下来 / 书 / , / 。

4）正月の間は往来する人が特に多く、空港のスタッフは忙しくて対応しきれなかった。

特别 / 机场 / 忙 / 了 / 过年期间 / 不 / 的人 /
都 / 过来 / 多 / 服务员 / 来往 / , / 。

5）会社からの入社通知がまだ届いておらず、彼は焦って眠れない。

收到 / 觉 / 他 / 入职通知 / 还没 / 不 / 公司 /
急得 / 睡 / 的 / 着 / , / 。

6）退職して5年が経ち、今日初めて同僚に会う機会があった。

今天 / 五年 / 见面 / 和 / 退休 / 了 / 第一次 /
有机会 / 同事们 / , / 。

3 ［　］の補語を使って、次の日本語を中国語に訳しなさい。

1）彼は家に帰るとすぐにテレビを見はじめる。　　　　［方向補語の派生義］

2）この文章を英語に翻訳してください。　　　　　　　［結果補語］

3）彼は忙しくて、昼ごはんを食べる時間さえなかった。

　　　　　　　　　　　　　　　　　　　　　　　　　　［様態補語］

4）彼らは知り合って数十年経ち、よく一緒に旅行に出かける。

　　　　　　　　　　　　　　　　　　　　　　　　　　［数量補語］

5）早く服を脱ぎなさい、洗ってあげるから。　　　　　［方向補語の派生義］

6) こんなに高いブランドバッグ、私はどうやって買えるの？

〔可能補語〕

4 次の文章を読んで、設問に答えなさい。

　　　有个商人在寻找丢失的骆驼时遇（①　　　　　）一位老人，就走（②　　　　　）问老人是否看见了他的骆驼。老人反问道："你的骆驼是不是左脚不好，右眼（③　　　　　）啊？"商人说："您能（④　　　　　）这匹骆驼的特征，那您一定是看见我的骆驼了！"老人回答说："我没看见，我是根据我看到的情况推断（a　　　　　）的。刚才我在路上发现了骆驼的脚印，脚印是右边深左边浅，（⑤　　　　　）这匹骆驼的左脚瘸了。然后我又发现骆驼只吃马路左边的草，就断定骆驼的右眼瞎了。""原来如此，太感谢了！"商人听了老人的话，终于明白（b　　　　　）了，马上跑（⑥　　　　　）找骆驼，果然找（⑦　　　　　）了。

1) 空欄①〜⑦に入る適切な語句を以下から選びなさい。（重複使用不可）

到　　见　　去　　过去
说得出　　看得出来　　看不见

2) 空欄a・bに入る適切な語句を以下から選びなさい。

起来　　出来　　下来　　下去　　过来　　过去

次の文章を読んで、設問に答えなさい。

　　上周我和朋友一起去了一次海南岛，我们在那里游泳、冲浪，⑧楽しく遊んだ。离开的前一天晚上，我们在一家海南菜饭馆吃了许多平时（a　　　　　）的本地菜，还喝了很多酒，朋友和我都喝（①　　）了。回到酒店，我突然发现钱包不见了，我 ⑧目が回るほど焦っている，朋友也很着急，和我一起回忆了一天的行程，最后（b　　　　　）一定是吃晚饭时把钱包忘（②　　）饭馆里了。可是我们 ⓒレストランを離れてすでに2時間以上経っている，钱包还会在那儿吗？我抱着一丝希望赶（③　　）饭馆。问了老板，老板马上从抽屉里拿（④　　）一个钱包问："是你的吗？"我眼前一亮："啊，是的！是的！"原来是一对年轻夫妇发现有人忘了钱包后，就把它交（⑤　　）了老板。听了老板的话，我心里充满了感激。这次的海南之行给我留（⑥　　）了难忘的回忆。

1）空欄①～⑥に入る適切な語句を以下から選びなさい。（重複使用不可）

出	到	多	给	下	在

2）空欄 a に入る適切な語句を以下から選びなさい。

吃不到	吃不起	吃不了	吃不得

3）空欄 b に入る適切な語句を以下から選びなさい。

想出来	想起来	想不到

4）下線部 A・B は様態補語を、下線部 C は数量補語を使って中国語に訳しなさい。

➡解答と解説 p.151

解答と解説

🔊)) 054

1 1）他终于找**到**了工作。

Tā zhōngyú zhǎodàole gōngzuò.

（彼はやっと仕事が見つかった。）

2）因为他没说**清楚**，所以我搞**错**了。

Yīnwèi tā méi shuōqīngchu, suǒyǐ wǒ gǎocuò le.

（彼ははっきり言わなかったので、私は間違えた。）

3）作业还没写**完**呢。　Zuòyè hái méi xiěwán ne.

（宿題はまだ書き終わっていないよ。）

▶ "完" の代わりに "好" も使用できますが、複数使用不可のため "完" が正解です。

4）请拿**好**你的护照。　Qǐng náhǎo nǐ de hùzhào.

（ちゃんとパスポートを持っていてください。）

5）去超市怎么走，你记**住**了吗？

Qù chāoshì zěnme zǒu, nǐ jìzhù le ma？

（スーパーにはどう行くか、覚えていますか。）

6）你看**见**我的狗狗了吗？

Nǐ kànjiàn wǒ de gǒugou le ma？

（私のワンちゃんを見かけましたか。）

▶ "见" の代わりに "到" も使用できますが、複数使用不可のため "见" が正解です。

116

055

2 1) 她上完课就回家了。　Tā shàngwán kè jiù huí jiā le.
彼女は授業が終わるとすぐ帰宅した。

2) 你买到高铁票了吗？　Nǐ mǎidào gāotiěpiào le ma ?
高速鉄道の切符を手に入れましたか。

3) 我跑到车站时，电车还没开。
Wǒ pǎodào chēzhàn shí, diànchē hái méi kāi.
駅まで駆け付けた時、電車はまだ発車していない。

4) 他说的方言我一点儿也没听懂。
Tā shuō de fāngyán wǒ yìdiǎnr yě méi tīngdǒng.
彼が話した方言は私にはまったく聞き取れなかった。

5) 今天坐错了电车，所以迟到了。
Jīntiān zuòcuòle diànchē, suǒyǐ chídào le.
今日は電車に乗り間違えたので遅刻した。

6) 我们一直聊到晚上 12 点才睡觉。
Wǒmen yìzhí liáodào wǎnshang shí'èr diǎn cái shuìjiào.
私たちは夜中の 12 時までおしゃべりしてやっと寝た。

056

3 1) 妈妈高兴地抱住了孩子。
Māma gāoxìng de bàozhùle háizi.
▶ "高兴地"という連用修飾語があり、さらに動詞の後に結果補語 "住"
があるため、"了"は結果補語の直後に置くのが自然です。

2) 饭还没做好，再等一会儿。
Fàn hái méi zuòhǎo, zài děng yíhuìr.

3) 他星期天常常睡到很晚。
Tā xīngqītiān chángcháng shuìdào hěn wǎn.
▶ "星期天"のような時間詞は主語の前にも後にも置けます。したがって、
"星期天他常常睡到很晚"も正解です。

4) 上课了！请大家坐好。　Shàngkè le ! Qǐng dàjiā zuòhǎo.

5) 老师说得太快了，我没听懂。
Lǎoshī shuōde tài kuài le, wǒ méi tīngdǒng.

6) 我在大学校园里遇见了高中同学。
Wǒ zài dàxué xiàoyuánli yùjiànle gāozhōng tóngxué.

■)) 057

4 1) 我看错地址了。　Wǒ kàncuò dìzhǐ le.
／我把地址看错了。　Wǒ bǎ dìzhǐ kàncuò le.

2) 你买到新手机了吗？　Nǐ mǎidào xīn shǒujī le ma？

3) 他已经做好了出发的准备。
Tā yǐjīng zuòhǎole chūfā de zhǔnbèi.

4) 弟弟把果汁都喝完了。
Dìdi bǎ guǒzhī dōu hēwán le.
▶この文はジュースを完全に飲み干した状況を強調しています。このような場合、"弟弟都喝完了果汁"ではなく、"把"構文を使って表現するのが一般的です。"都"の代わりに"全部"を使ってもかまいません。

5) 字太小了，我没看清楚。
Zì tài xiǎo le, wǒ méi kànqīngchu.

6) 你听懂老师的话了吗？　Nǐ tīngdǒng lǎoshī de huà le ma？

第**2**章　様態補語（1）

■)) 058

1 1) ③　他网球打得很好。　Tā wǎngqiú dǎde hěn hǎo.

2) ②　哥哥照相照得不错。　Gēge zhàoxiàng zhàode búcuò.

3) ④　我这个星期打工打得很多。
Wǒ zhège xīngqī dǎgōng dǎde hěn duō.

4) ②　我考试考得不好。　Wǒ kǎoshì kǎode bù hǎo.

5) ①　他漫画看得很快。　Tā mànhuà kànde hěn kuài.

6) ③　妹妹起床起得很晚。　Mèimei qǐchuáng qǐde hěn wǎn.

■)) 059

2 1) 姐姐跳舞跳得很好。　Jiějie tiàowǔ tiàode hěn hǎo.
（姉はダンスがとてもうまい。）

2) 她说英语说得不错。　Tā shuō Yīngyǔ shuōde búcuò.

（彼女は英語がなかなか上手だ。）

▶ "不错"は「なかなかよい」という意味で、一つの形容詞として使われます。

3) 爸爸做饭做得不好吃。　Bàba zuò fàn zuòde bù hǎochī.

（父は料理をおいしく作れない。）

4) 妹妹游泳游得不快。　Mèimei yóuyǒng yóude bú kuài.

（妹は泳ぐのが速くない。）

5) 你看视频看得多吗？　Nǐ kàn shìpín kànde duō ma？

（あなたはよく動画を見ますか。）

6) 你哥哥开车开得好不好？　Nǐ gēge kāichē kāide hǎo bu hǎo？

（お兄さんは運転が上手ですか。）

🔊》 060

3 1) 她中文说得怎么样？　Tā Zhōngwén shuōde zěnmeyàng？

2) 她吃得很少。　Tā chīde hěn shǎo.

3) 他日语歌唱得特别好。　Tā Rìyǔgē chàngde tèbié hǎo.

4) 奶奶今年 80 岁了，走得很慢。

Nǎinai jīnnián bāshí suì le, zǒude hěn màn.

5) 妈妈打扫房间打扫得非常干净。

Māma dǎsǎo fángjiān dǎsǎode fēicháng gānjìng.

6) 弟弟弹钢琴弹得不太好。　Dìdi tán gāngqín tánde bú tài hǎo.

🔊》 061

4 1) 昨天我（起床）起得很早。

Zuótiān wǒ (qǐchuáng) qǐde hěn zǎo.

2) 田中回答得很好。　Tiánzhōng huídáde hěn hǎo.

3) 他（跑步）跑得非常快。　Tā (pǎobù) pǎode fēicháng kuài.

4) 我（打）棒球打得不好。　Wǒ (dǎ) bàngqiú dǎde bù hǎo.

5) 你（睡觉）睡得晚吗？　Nǐ (shuìjiào) shuìdewǎn ma？

6) 我（做）日本菜做得不太好。

Wǒ (zuò) Rìběncài zuòde bú tài hǎo.

🔊)) 062

1 1) Ⓐ　**我去年只回了一次老家。**　Wǒ qùnián zhǐ huíle yí cì lǎojiā.
（私は去年一度しか実家に戻らなかった。）

2) Ⓑ　**我学过六年英语。**　Wǒ xuéguo liù nián Yīngyǔ.
（私は 6 年間英語を勉強したことがある。）

3) Ⓑ　**你每天打多长时间太极拳？**
Nǐ měitiān dǎ duō cháng shíjiān tàijíquán？
（あなたは毎日どのくらい太極拳をしますか。）

4) Ⓐ　**你见过她几次？**　Nǐ jiànguo tā jǐ cì？
（あなは彼女に何回会ったことがありますか。）

5) Ⓑ　**他昨天上了三节课。**　Tā zuótiān shàngle sān jié kè.
（彼は昨日 3 コマ授業を受けた。）

▶目的語に数量を表すことばが含まれる場合は、完了を表す"了"は動詞の直後に置きます。

6) Ⓐ　**他们聊天儿聊了一个多小时。**
Tāmen liáotiānr liáole yí ge duō xiǎoshí.
（彼らは 1 時間以上おしゃべりをした。）

▶"聊天儿"は離合動詞なので、数量補語は目的語"天儿"の前に置かなければなりません。

🔊)) 063

2 1) **我感冒了，休息了两天。**　Wǒ gǎnmào le, xiūxile liǎng tiān.

2) **我常常一天用六个多小时电脑。**
Wǒ chángcháng yì tiān yòng liù ge duō xiǎoshí diànnǎo.

3) **他爬长城爬过很多次。**　Tā pá Chángchéng páguo hěn duō cì.

4) **昨天我和朋友一起去吃了一顿韩国烧烤。**
Zuótiān wǒ hé péngyou yìqǐ qù chīle yí dùn Hánguó shāokǎo.

5) **我在英国工作过一个半月。**
Wǒ zài Yīngguó gōngzuòguo yí ge bàn yuè.

6) 这个暑假我挣了五万日元左右。

Zhège shǔjià wǒ zhèngle wǔwàn rìyuán zuǒyòu.

064

3 1) 请等**我**一下。　　Qǐng děng wǒ yíxià.

（ちょっと待ってください。）

2) 我昨天只睡了五个小时**觉**。

Wǒ zuótiān zhǐ shuìle wǔ ge xiǎoshí jiào.

（私は昨日 5 時間しか寝ていない。）

▶ "睡觉"は離合動詞なので、数量補語は "睡觉" の間に置く必要があります。

3) 他们打了三个小时**棒球**。

Tāmen dǎle sān ge xiǎoshí bàngqiú.

（彼らは 3 時間野球をした。）

4) 小王做过很多次**日本菜**。

Xiǎo Wáng zuòguo hěn duō cì Rìběncài.

（王さんは何度も日本料理を作ったことがある。）

5) 我以前见过他一次**面**。　　Wǒ yǐqián jiànguo tā yí cì miàn.

（私は以前彼に一度会ったことがある。）

▶ "见面"も離合動詞です。人称代名詞の目的語と数量補語の語順に注意しましょう。

6) 他经常**一个星期**迟到两次。

Tā jīngcháng yí ge xīngqī chídào liǎng cì.

（彼はいつも週 2 回遅刻する。）

▶一定期間を表す時間詞は動詞の前に置かなければなりません。

065

4 1) 她去过两次美国。　　Tā qùguo liǎng cì Měiguó.

2) 你学过多长时间汉语？　　Nǐ xuéguo duō cháng shíjiān Hànyǔ ?

3) 我们休息了半个小时。　　Wǒmen xiūxile bàn ge xiǎoshí.

／我们休息了 30 分钟。　　Wǒmen xiūxile sānshí fēnzhōng.

4) 他一天洗两次澡。　　Tā yì tiān xǐ liǎng cì zǎo.

5) 昨天你看了几个小时电视？
Zuótiān nǐ kànle jǐ ge xiǎoshí diànshì？

6) 我上个月去了一趟北京。
Wǒ shàng ge yuè qùle yí tàng Běijīng.

第4章 方向補語（1）

📢)) 066

1) 1) Ⓐ 外面下雨了，你快进来吧。
Wàimiàn xià yǔ le, nǐ kuài jìnlai ba.
（外は雨が降ってきたので、早く中に入ってください。）

2) Ⓑ 他已经跑下楼去了。　Tā yǐjīng pǎoxià lóu qu le.
（彼はすでに階下に降りていった。）

3) Ⓐ 看完杂志，请放回书架上。
Kànwán zázhì, qǐng fànghuí shūjià shang.
（雑誌を読み終えたら、本棚に戻してください。）

4) Ⓐ 秋天到了，树叶都落下来了。
Qiūtiān dào le, shùyè dōu luòxiàlai le.
（秋が来た、葉っぱがすべて落ちた。）

5) Ⓑ 请你站起来说吧。　Qǐng nǐ zhànqǐlai shuō ba.
（立って話してください。）

6) Ⓑ 车不能从这里开过去！
Chē bù néng cóng zhèli kāiguòqu！
（車はここから通り抜けてはいけない！）

📢)) 067

2) 1) 我给大家买来了几瓶水。
Wǒ gěi dàjiā mǎilaile jǐ píng shuǐ.
（私は皆に水を何本か買ってきた。）

2) 她们一起走进了电影院。　Tāmen yìqǐ zǒujìnle diànyǐngyuàn.
（彼女たちは一緒に歩いて映画館に入った。）

3)　我们终于爬**上**了富士山。
Wǒmen zhōngyú páshàngle Fùshìshān.
（私たちはついに富士山に登った。）

4)　自行车坏了，我只能走**回去**了。
Zìxíngchē huài le, wǒ zhǐ néng zǒuhuíqu le.
（自転車が壊れたので、私は歩いて帰るしかなかった。）

5)　首相从飞机上走**下来**了。
Shǒuxiàng cóng fēijīshang zǒuxiàlai le.
（首相は飛行機から歩いて降りてきた。）

6)　铃木从对面跑**过来**了。　Língmù cóng duìmiàn pǎoguòlai le.
（鈴木さんは向こうから走ってきた。）

） 068

3 1)　②　妈妈从地上捡**起**了衣服。
Māma cóng dìshang jiǎnqǐle yīfu.
（母は床から服を拾った。）

2)　④　她从银行取**出**三万日元。
Tā cóng yínháng qǔchū sānwàn rìyuán.
（彼女は銀行から3万円を引き出した。）

3)　①　一放暑假她就回奶奶家**去**了。
Yí fàng shǔjià tā jiù huí nǎinai jiā qu le.
（彼女は夏休みになるとすぐに祖母の家に帰った。）
▶ "一～就～"は一つの動作を終えるとすぐに別の行動を始めることを
表し、「～をすると、すぐに～をする」という意味になります。

4)　③　请大家坐**下来**看。　Qǐng dàjiā zuòxiàlai kàn.
（皆さん、座って見てください。）

5)　①　山不太高，我们一起爬**上去**吧。
Shān bú tài gāo, wǒmen yìqǐ páshàngqu ba.
（山はあまり高くないので、一緒に登って行こう。）

6)　③　哥哥从家里搬**出去**了。　Gēge cóng jiāli bānchūqu le.
（兄は家から引っ越していった。）

069

4 1) 她回宿舍去了。 Tā huí sùshè qu le.

2) 小王从包里拿出（来）一本书。
Xiǎo Wáng cóng bāoli náchū(lai) yì běn shū.

3) 十一点了，我们坐电车回去吧。
Shíyī diǎn le, wǒmen zuò diànchē huíqu ba.

4) 妈妈买回来很多水果。 Māma mǎihuílai hěn duō shuǐguǒ.

5) 她们从山上下来了吗? Tāmen cóng shānshang xiàlai le ma ?

6) 我们从这儿走过去吧。 Wǒmen cóng zhèr zǒuguòqu ba.

第5章 可能補語（1）

1 1) ⓑ 她跳舞跳得好不好?
Tā tiàowǔ tiàode hǎo bu hǎo ?
（彼女のダンスはうまいですか。）

2) ⓐ 我没听见他在说什么。
Wǒ méi tīngjiàn tā zài shuō shénme.
（私は彼が何を言っているのか聞こえなかった。）

3) ⓓ 游泳太难了，我学不会。
Yóuyǒng tài nán le, wǒ xuébuhuì.
（水泳は難しすぎて、私はできない。）

4) ⓒ 小王已经回中国去了。
Xiǎo Wáng yǐjīng huí Zhōngguó qu le.
（王さんはすでに中国に戻っていった。）

5) ⓓ 这本书现在还买得到吗?
Zhè běn shū xiànzài hái mǎidedào ma ?
（この本はまだ買えますか。）

6) ⓑ 她英语说得不太好。
Tā Yīngyǔ shuōde bú tài hǎo.
（彼女は英語があまり上手に話せない。）

2 1) 前面人太多，我看**不见**。

Qiánmiàn rén tài duō, wǒ kànbujiàn.

（前に人が多すぎて見えない。）

2) 没有钥匙，我进**不去**。

Méiyǒu yàoshi, wǒ jìnbuqù.

（鍵がなくて入れない。）

3) 上海话你听**得**懂听**不**懂？

Shànghǎihuà nǐ tīngdedǒng tīngbudǒng？

（あなたは上海語が聞き取れますか。）

4) 山不高，我们能爬**得**上去。

Shān bù gāo, wǒmen néng pádeshàngqu.

（山は高くないので、私たちは登ることができる。）

5) 作业太多了，我今天写**不完**。

Zuòyè tài duō le, wǒ jīntiān xiěbuwán.

（宿題が多すぎて、今日は書き終えられない。）

6) 这么多酒，你们俩喝**得**完吗？

Zhème duō jiǔ, nǐmen liǎ hēdewán ma？

（こんなにたくさんのお酒、2人で飲み切れますか。）

3 1) 这本英语小说你能**看得懂**吗？

Zhè běn Yīngyǔ xiǎoshuō nǐ néng kàndedǒng ma？

（この英語の小説を読めますか。）

2) 时间不够，今天的事**干不完**了。

Shíjiān bú gòu, jīntiān de shì gànbuwán le.

（時間が足りなくて、今日の仕事が終えられない。）

3) 不戴眼镜我**看不清楚**。

Bú dài yǎnjìng wǒ kànbuqīngchu.

（眼鏡をかけないとはっきり見えない。）

4) 没问题，吃晚饭前我一定**回得来**。

Méi wèntí, chī wǎnfàn qián wǒ yídìng huídelái.

（大丈夫、夕飯の前に必ず戻ってくる。）

5) 滑雪太难了，我学不会。　Huáxuě tài nán le, wǒ xuébuhuì.
（スキーは難しすぎて、私はできない。）

6) 单词太多，我记不住。　Dāncí tài duō, wǒ jìbuzhù.
（単語が多すぎて覚えられない。）

4 1) 没有票进不去。　Méiyǒu piào jìnbuqù.

2) 韩语你听得懂吗？　Hányǔ nǐ tīngdedǒng ma ?

3) 法语电影我看不懂。　Fǎyǔ diànyǐng wǒ kànbudǒng.

4) 八点以前你回得来吗？　Bā diǎn yǐqián nǐ huídelái ma ?

5) 菜太多了，我们吃不完。　Cài tài duō le, wǒmen chībuwán.

6) 这个电话号码我记不住。　Zhège diànhuà hàomǎ wǒ jìbuzhù.

第6章　程度補語

1 1) 上了一天班，我累死了。
Shàngle yìtiān bān, wǒ lèi sǐle.
1日働いて、私は疲れきってしまった。

2) 第一次遇到地震，他吓得要死。
Dì yī cì yùdào dìzhèn, tā xià de yàosǐ.
初めて地震に遭遇した時、彼は怖くてたまらなかった。

3) 最近她每天加班，忙得不得了。
Zuìjìn tā měitiān jiābān, máng de bùdéliǎo.
最近彼女は毎日残業で、非常に忙しい。

4) 这张桌子重得不行，你能帮我搬一下吗？
Zhè zhāng zhuōzi zhòng de bùxíng, nǐ néng bāng wǒ bān yíxià ma ?
この机はすごく重いので、運ぶのを手伝ってもらえませんか。

5) 小猫病了，妹妹难过得要命。
Xiǎo māo bìng le, mèimei nánguò de yàomìng.
子猫が病気になり、妹はとても悲しんでいる。

126

6) 周末想好好儿睡一觉，又被电话吵醒，气死我了。

Zhōumò xiǎng hǎohāor shuì yí jiào, yòu bèi diànhuà chǎoxǐng, qì sǐ wǒ le.

週末はゆっくり眠りたかったのに、また電話で起こされて腹が立った。

▶副詞 "又" はすでに実現した動作や行為の繰り返しを表す時に使い、文末に "了" をつける必要があります。副詞 "再" も「また」の意味で使われますが、まだ実現していない動作や行為について使われ、文末に "了" をつける必要はありません。

2 1) Ⓐ 这个苹果好吃**极了**。　Zhège píngguǒ hǎochī jíle.

（このリンゴはとてもおいしい。）

2) Ⓐ 国庆节，外面人多得**要命**。

Guóqìngjié, wàimiàn rén duō de yàomìng.

（国慶節には、外は人が非常に多い。）

3) Ⓑ 看完表演，她激动得**不得了**。

Kànwán biǎoyǎn, tā jīdòng de bùdéliǎo.

（ショーを見終わって、彼女は非常に興奮している。）

4) Ⓐ 手机坏了，他急**死了**。　Shǒujī huài le, tā jí sǐle.

（携帯電話が壊れて、彼はすごく慌てている。）

5) Ⓑ 一有考试她就紧张得**要死**。

Yì yǒu kǎoshì tā jiù jǐnzhāng de yàosǐ.

（試験があると彼女はたいへん緊張する。）

6) Ⓑ 听说明天要去动物园，孩子们高兴**坏了**。

Tīngshuō míngtiān yào qù dòngwùyuán, háizimen gāoxìng huàile.

（明日動物園に行くと聞いて、子どもたちはすごく喜んでいる。）

3 1) 京都的秋天漂亮极了。　Jīngdū de qiūtiān piàoliang jíle.

2) 这个生日礼物她喜欢得不得了。

Zhège shēngrì lǐwù tā xǐhuan de bùdéliǎo.

3) 好久不见，我想死你了。　Hǎojiǔ bú jiàn, wǒ xiǎng sǐ nǐ le.

4) 又没买到票，他气死了。　Yòu méi mǎidào piào, tā qì sǐle.

5) 我昨天睡得很晚，下午困死了。

Wǒ zuótiān shuìde hěn wǎn, xiàwǔ kùn sǐle.

6) 我饿得要命，你有什么吃的吗？

Wǒ è de yàomìng, nǐ yǒu shénme chī de ma ?

▶ここでは、"什么"は「何か」という不定の意味を表しています。ふつう疑問詞疑問文の文末に"吗"をつけることはできませんが、不定の意味を表す時には"吗"をつけることができます。

◀》077

4 1) 这个电影好看极了。　Zhège diànyǐng hǎokàn jíle.

▶「面白い」は"有意思"と訳すこともできます。

2) 外面冷得不得了。　Wàimiàn lěng de bùdéliǎo.

3) 打了一天工，累得要命。　Dǎle yìtiān gōng, lèi de yàomìng.

4) 终于找到了工作，她高兴坏了。

Zhōngyú zhǎodàole gōngzuò, tā gāoxìng huàile.

5) 家里脏得不行。　Jiāli zāng de bùxíng.

6) 我感冒了，头疼得要死。　Wǒ gǎnmào le, tóu téng de yàosǐ.

総合練習 1

◀》078

1 1) 今年冬天冷得**不得了**。

Jīnnián dōngtiān lěng de bùdéliǎo.

（今年の冬はとても寒い。）

2) 他从外面搬**进来**一把椅子。

Tā cóng wàimiàn bānjìnlai yì bǎ yǐzi.

（彼は外から椅子を持ってきた。）

3) 我没听清楚，请你再说**一遍**。

Wǒ méi tīngqīngchu, qǐng nǐ zài shuō yí biàn.

（私ははっきり聞き取れなかったので、もう一度言ってください。）

4）门被锁上了，狗狗**出不去**了。

Mén bèi suǒshàng le, gǒugou chūbuqù le.

（ドアが閉まっていて、犬が出られなくなった。）

5）他最近很忙，加班加得**很多**。

Tā zuìjìn hěn máng, jiābān jiāde hěn duō.

（彼は最近忙しくて、たくさん残業している。）

6）不好意思，我认**错**人了。

Bù hǎoyìsi, wǒ rèncuò rén le.

（すみません、人違いでした。）

◀》079

2 1）这个季节买不到新鲜的草莓。

Zhège jìjié mǎibudào xīnxiān de cǎoméi.

2）我说完了，大家有什么意见吗？

Wǒ shuōwán le, dàjiā yǒu shéme yìjian ma？

3）你把没吃完的菜放进冰箱里去。

Nǐ bǎ méi chīwán de cài fàngjìn bīngxiāngli qu.

4）虽然他没去过美国，可是英语说得很流利。

Suīrán tā méi qùguo Měiguó, kěshì Yīngyǔ shuōde hěn liúlì.

5）留学生一个星期只能打二十个小时工。

Liúxuéshēng yí ge xīngqī zhǐ néng dǎ èrshí ge xiǎoshí gōng.

6）听到那个消息后，她伤心得不得了。

Tīngdào nàge xiāoxi hòu, tā shāngxīn de bùdéliǎo.

◀》080

3 1）我（打）网球打得不太好。

Wǒ (dǎ) wǎngqiú dǎde bú tài hǎo.

2）爸爸买回来很多礼物。

Bàba mǎihuílai hěn duō lǐwù.

3）我在大学学过两年汉语。

Wǒ zài dàxué xuéguo liǎng nián Hànyǔ.

4）（我）没听清楚她在说什么。

(Wǒ) méi tīngqīngchu tā zài shuō shénme.

5）吃完午饭我困得不得了。

Chīwán wǔfàn wǒ kùn de bùdéliǎo.

6）这本书太难，我看不懂。

Zhè běn shū tài nán, wǒ kànbudǒng.

🔊》081

4 ▶　　今天回**到**家后，我先复习了上课的内容。内容有点儿难，我没有完全看**懂**，然后我开始做作业。这时候我听**见**妈妈说晚饭准**备好**了，让我先吃饭。吃**完**饭，做**完**作业，我开始玩儿游戏，一直玩儿**到** 11 点。睡觉前，妈妈说明天要下雨，让我记**住**带伞，但别拿**错**弟弟的伞。

（今日は家に帰った後、まず授業の内容を復習した。内容が少し難しくて、完全に理解しないまま宿題をやりはじめた。その時、母が私に、夕食ができたから先に食事をするように言った。夕食を食べ宿題を終えた後、私はゲームを始めて、11時までずっと遊んでいた。寝る前、母が明日は雨が降るから傘を持って行くのを忘れないように、でも弟の傘を間違えて持って行かないようにと言った。）

🔊》082

5 ▶　　我爸爸工作很辛苦，每天早**上**都**起得很早**，晚上很晚才回家。他的爱好是踢足球，他（**踢**）足球踢得很好。周末他常常带我和弟弟去公园玩儿。我不太喜欢踢足球，弟弟足球**也踢得不好**，但是每次我们都**玩儿得很高兴**。放暑假时，爸爸会开车带我们去旅游，他**开车开得很好**。妈妈不会开车，不过她**做菜做得很好**。

（父は一生懸命働いており、毎朝早く起きて、夜遅くに帰宅する。彼の趣味はサッカーで、サッカーがとてもうまい。週末には、よく私と弟を公園に連れて行ってくれる。私はあまりサッカーが好きではなく、弟もサッカーが得意ではないが、毎回楽しく遊んでいる。夏休みには、父が車で旅行に連れて行

ってくれることもある。父は運転が上手だ。母は運転はできないが、料理は
とてもうまい。）

6 今天有个重要的会议，我很早就出门了，**坐了 40 分钟
地铁**到了公司。会议开了大概**三个小时**。休息时，我遇见了
食品公司的小王，她是我大学同学，毕业后我们只**见过一次
(面)**。她在英国**工作了两年**，去年刚回国。会议结束后，我
们**聊了 20 多分钟**，约定周末一起去看电影。那个电影我已
经**看了两遍**了，不过小王没看过。看完电影我们还想去**吃一
顿 / 次火锅**。

（今日は会社で重要な会議があったので、早く家を出て、40 分間地下鉄に乗
って会社に着いた。会議は約 3 時間続いた。休憩中、食品会社の王さんに出
くわした。彼女は私の大学の同級生で、卒業後一度しか会ったことがなかっ
た。彼女はイギリスで 2 年間働いていて、去年帰国したばかりだ。会議が終
わった後、私たちは 20 分以上おしゃべりし、週末に一緒に映画を見に行く
ことを約束した。私はその映画をすでに 2 回見ていたが、王さんはまだ見てい
ない。映画の後、私たちは火鍋を食べに行く予定だ。）

7 今天因为有两个朋友来家里玩儿，我很早就起**来**了。先
去超市买**回来 / 来 / 回**很多包饺子的食材，然后开始打扫房
间。下午朋友来了，佳那带**来**了她自己做的蛋糕，明理从包
里拿**出 / 出来**一盒点心。我泡了一壶茶，这包茶是妈妈从北
京寄**过来 / 来**的，我们一边喝茶一边吃点心。然后我们又
一起包饺子，我们包了很多饺子，三个人吃不完，我先把没
吃完的饺子放**进**冰箱里，等她们回家时，让她们每人带一包
回**去**。十点多，她们俩坐公交车回家**去**了。今天我们都过得
很愉快。

（今日は 2 人の友だちが遊びに来るので、私は早く起きた。まずスーパーに行

131

って餃子の材料をたくさん買ってきて、それから部屋の掃除を始めた。午後友だちがやってきた。佳那ちゃんは自分で作ったケーキを持ってきて、明理ちゃんはバッグからお菓子を取り出した。私はお茶を淹れた。このお茶は母が北京から送ってくれたものだ。私たちはお茶を飲みながらお菓子を食べた。その後一緒に餃子を作った。たくさん作ったので3人では食べきれず、残った餃子をまず冷蔵庫に入れ、彼女たちが帰るときに1袋ずつ持って帰ってもらった。10時過ぎに、彼女たちはバスで帰宅した。今日はとても楽しい1日だった。)

🔊)) 085

8 ▶　过年我想回老家，可因为是节日，**买不到**便宜的机票，我没那么多钱，只好放弃。过了年我打算开始找工作，所以有时在网上查一些资料，可是很多英文资料我**看不懂**。最近感觉记忆力也越来越差，有些单词查了很多遍，还是**记不住**。我想进外资企业工作，可是平时不太说英语，担心面试时**说不好**，不知道外资企业自己是不是**进得去**。不过，如果**进不去**，我就找能用中文的公司。因为我在中国留过学，不但**听得懂**中文，而且说得也不错。

（正月には故郷に帰りたかったけど、祝日なので安い航空券がなく、お金もないのであきらめるしかなかった。正月が過ぎたら就職活動を始めるつもりなので、時々インターネットで情報を調べたりしていた。でも、英語の資料の多くは読んでも理解できない。最近、記憶力もだんだん衰えているように感じ、何度調べても単語が覚えられないことがある。外資系企業で働きたいと思っているが、普段あまり英語を話さないので、面接でうまく話せるか心配だ。外資系企業に入れるかどうかわからないが、もし入れなければ、中国語が使える会社を探してみる。中国に留学した経験があるので、中国語は聞き取れるだけでなく、話すのも得意だ。）

9 　　昨天是我姐姐的婚礼，我一大早起床，早饭也没吃就开始帮忙布置房间，忙得**要命／不得了／不行**。出发去婚礼会场前，我饿**坏了／极了**，匆匆忙忙吃了一点东西。到了会场，我突然想起忘了一件重要的礼物，我急得**要命／不得了／不行**，马上跑回家去拿。婚礼进行得非常顺利，看到姐姐幸福的笑容，我高兴**极了／坏了**。新郎新娘的讲话也让在场的嘉宾感动得**不得了**。忙了一整天，虽然累得**不行／要命／不得了**，但是心里却非常高兴。可是回到家，想到以后不能天天见到姐姐，我难过**极了**。

（昨日は姉の結婚式で、私は朝早く起きて、朝食も食べずに部屋の飾り付けを始め、たいへん忙しかった。結婚式場に向かう前に、お腹がペコペコだったので、急いで少し食べた。式場に着いた時、重要なプレゼントを忘れたことに気づき、焦ってすぐに家に取りに戻った。結婚式はとてもスムーズに進行し、姉の幸せそうな笑顔を見て、私はすごくうれしかった。新郎新婦のスピーチも出席者をたいへん感動させた。1日中忙しくてとても疲れたが、とてもうれしかった。しかし帰宅して、これから毎日姉に会えないことを思うととても悲しくなった。）

▶最後の "我难过～" には "极了" しか使えません。"坏了" は基本的にポジティブな意味を表す語の後ろで使われます。

第**7**章　結果補語（2）

1 1)　我把礼物送**给**了弟弟。

　　Wǒ bǎ lǐwù sònggěile dìdi.
　　（私はプレゼントを弟に贈った。）

2)　学生们把教室都打扫**干净**了。

　　Xuéshengmen bǎ jiàoshì dōu dǎsǎogānjìng le.
　　（学生たちは教室をきれいに掃除した。）

3) 孩子长得太快了，衣服买小了。

Háizi zhǎngde tài kuài le, yīfu mǎixiǎo le.

（子どもの成長が早すぎて、服を買ったのが小さかった。）

4) 我把二等座改成一等座了。

Wǒ bǎ èr děng zuò gǎichéng yī děng zuò le.

（私は2等席を1等席に変更した。）

5) 我没看明白这道题的意思。

Wǒ méi kànmíngbai zhè dào tí de yìsi.

（この問題の意味がわからなかった。）

6) 他不小心把花瓶打坏了。　　Tā bù xiǎoxīn bǎ huāpíng dǎhuài le.

（彼は不注意で花瓶を壊してしまった。）

7) 我们把车开到了海边。　　Wǒmen bǎ chē kāidàole hǎibiān.

（私たちは車で海辺まで走った。）

8) 你怎么又来晚了？　　Nǐ zěnme yòu láiwǎn le ?

（どうしてまた遅れてきたのですか。）

◀》088

2 1) ③ 我看错时间，把闹钟开早了。

Wǒ kàncuò shíjiān, bǎ nàozhōng kāizǎo le.

（私は時間を見間違えて、目覚まし時計を早く設定してしまった。）

2) ① 她已经把书还给我了。

Tā yǐjīng bǎ shū huángěi wǒ le.

（彼女はすでに本を返してくれた。）

3) ② 我看不清楚，能不能再写大一点儿？

Wǒ kànbuqīngchu, néng bu néng zài xiědà yìdiǎnr ?

（はっきり見えないので、もう少し大きく書いてもらえませんか。）

4) ④ 哥哥经常玩儿游戏玩儿到半夜。

Gēge jīngcháng wánr yóuxì wánrdào bànyè.

（兄はよく夜中までゲームをしている。）

5) ② 真不好意思，我来晚了。

Zhēn bù hǎoyìsi, wǒ láiwǎn le.

（遅くなりまして、本当に申し訳ありません。）

6) ① 这次考试我做**对**了所有的题目。

Zhè cì kǎoshì wǒ zuòduìle suǒyǒu de tímù.

（今回の試験、私はすべての問題を正しく解いた。）

7) ② 他昨天喝**多**了，今天一点儿精神也没有。

Tā zuótiān hēduō le, jīntiān yìdiǎnr jīngshen yě méiyǒu.

（彼は昨日飲みすぎて、今日は全然元気がない。）

8) ③ 这双鞋质量太**差**了，才穿了一个月就穿**坏**了。

Zhè shuāng xié zhìliàng tài chà le, cái chuānle yí ge yuè jiù chuānhuài le.

（この靴は品質が悪くて、1か月しか履いていないのに壊れてしまった。）

🔊) 089

3 1) 出差时我常常把小猫交给邻居照看。

Chūchāi shí wǒ chángcháng bǎ xiǎo māo jiāogěi línjū zhàokàn.

2) 我把钱包忘在餐厅里了。

Wǒ bǎ qiánbāo wàngzài cāntīngli le.

3) 他把自己的经历写成了一本书。

Tā bǎ zìjǐ de jīnglì xiěchéngle yì běn shū.

4) 我昨天走多了，现在脚疼得不得了。

Wǒ zuótiān zǒuduō le, xiànzài jiǎo téng de bùdéliǎo.

5) 今天休息，我把车子洗干净了。

Jīntiān xiūxi, wǒ bǎ chēzi xǐgānjìng le.

6) 老师的问题，我都回答对了。

Lǎoshī de wèntí, wǒ dōu huídáduì le.

7) 她把台式电脑换成了笔记本电脑。

Tā bǎ táishì diànnǎo huànchéngle bǐjìběn diànnǎo.

8) 我们要立刻把这些物资送到灾区。

Wǒmen yào lìkè bǎ zhèxiē wùzī sòngdào zāiqū.

4 1）我已经把钱还给他了。

Wǒ yǐjīng bǎ qián huángěi tā le.

2）我把书放在书架上了。

Wǒ bǎ shū fàngzài shūjiàshang le.

▶日本語には「～の上」がなくても、中国語では方位詞"上"が必要です。

3）老师说的话你听明白了吗？

Lǎoshī shuō de huà nǐ tīngmíngbai le ma？

4）她把房间打扫干净了。

Tā bǎ fángjiān dǎsǎogānjìng le.

5）我去晚了，票已经卖完了。

Wǒ qùwǎn le, piào yǐjīng màiwán le.

6）他不小心把窗户打坏了。

Tā bù xiǎoxīn bǎ chuānghu dǎhuài le.

7）她吃多了，肚子有点儿不舒服。

Tā chīduō le, dùzi yǒudiǎnr bù shūfu.

8）我把中文汉字写成了日文汉字。

Wǒ bǎ Zhōngwén Hànzì xiěchéngle Rìwén Hànzì.

第**8**章 数量補語（2）

1 1）他大学毕业已经**一年多**了。

Tā dàxué bìyè yǐjīng yì nián duō le.

（彼は大学を卒業してからすでに1年以上経った。）

2）小王来日本才**两个月**。

Xiǎo Wáng lái Rìběn cái liǎng ge yuè.

（王さんは日本に来てわずか2か月だ。）

3) 这里的物价比我老家的贵**好几倍**。

Zhèlǐ de wùjià bǐ wǒ lǎojiā de guì hǎojǐ bèi.

（ここの物価は私の故郷より何倍も高い。）

▶ "好几" は量詞の前に置かれ、「いくつも」の意味を表します。たとえば、"好几次"（何回も）、"好几个月"（何か月も）のように使います。

4) 你儿子比我儿子大**几岁**? Nǐ érzi bǐ wǒ érzi dà jǐ suì?

（息子さんはうちの息子より何歳上ですか。）

5) 她离婚**五年**了，也没有再婚。

Tā líhūn wǔ nián le, yě méiyou zàihūn.

（彼女は離婚して5年経っても再婚していない。）

6) 活动结束快**一个小时**了，他还不想离开会场。

Huódòng jiéshù kuài yí ge xiǎoshí le, tā hái bù xiǎng líkāi huìchǎng.

（イベントが終わってもうすぐ1時間になるが、彼はまだ会場を離れたくない。）

🔊) 092

2 1) ② 他出去**半天**了，还没回来。

Tā chūqu bàntiān le, hái méi huílai.

（彼は外出してからだいぶ経ったが、まだ帰ってきていない。）

2) ② 他辞职都**三个月**了，还没找到新工作。

Tā cízhí dōu sān ge yuè le, hái méi zhǎodào xīn gōngzuò.

（彼は仕事を辞めてからもう3か月経ったが、まだ新しい仕事を見つけていない。）

3) ③ 他从美国回来**不到一个月**就又回去了。

Tā cóng Měiguó huílai bú dào yí ge yuè jiù yòu huíqu le.

（彼はアメリカから帰ってきて1か月も経たないうちに、また戻っていった。）

4) ③ 他们到达机场已经**一个小时**了。

Tāmen dàodá jīchǎng yǐjīng yí ge xiǎoshí le.

（彼らは空港に到着してからすでに1時間経った。）

5) ④ 毕业**两年**以后，他又回到大学读研究生了。

Bìyè liǎng nián yǐhòu, tā yòu huídào dàxué dú yánjiūshēng le.

（卒業して2年後、彼は再び大学に戻って大学院生として勉強を始めた。）

6) ①　地震发生**一个小时**后，小狗也被救出来了。

Dìzhèn fāshēng yí ge xiǎoshí hòu, xiǎo gǒu yě bèi jiùchūlai le.

（地震が発生して1時間後に、子犬も救出された。）

▶ "发生"は動作が瞬間的に終わる非持続動詞なので、数量補語の "一个小时"は動詞の後に置きます。

3 1)　离发车只剩下五分钟了。

Lí fāchē zhǐ shèngxià wǔ fēnzhōng le.

2)　姐姐从美国回来都一个星期了。

Jiějie cóng Měiguó huílai dōu yí ge xīngqī le.

3)　他迟到了半个小时，被老师批评了一顿。

Tā chídàole bàn ge xiǎoshí, bèi lǎoshī pīpíngle yí dùn.

4)　他离开家已经一个月了，还没有消息。

Tā líkāi jiā yǐjīng yí ge yuè le, hái méiyǒu xiāoxi.

5)　做完手术一天之内不能饮食。

Zuòwán shǒushù yìtiān zhī nèi bù néng yǐnshí.

6)　因为经济危机，公司成立不到一年就倒闭了。

Yīnwèi jīngjì wēijī, gōngsī chénglì bú dào yì nián jiù dǎobì le.

094

4 1)　姐姐比妹妹大一岁。　Jiějie bǐ mèimei dà yí suì.

2)　妈妈回来还不到（/没有）五分钟。

Māma huílai hái bú dào (/ méiyǒu) wǔ fēnzhōng.

3)　他死了几天才被发现。　Tā sǐle jǐ tiān cái bèi fāxiàn.

4)　他们认识十几年了。　Tāmen rènshi shí jǐ nián le.

5)　爸爸退休还不到一年。　Bàba tuìxiū hái bú dào yì nián.

6)　他出生八个月时妈妈就死了。

Tā chūshēng bā ge yuè shí māma jiù sǐ le.

🔊 095

1 1）　**她最近好像又胖起来了。**
　　Tā zuìjìn hǎoxiàng yòu pàngqǐlai le.
　　（彼女は最近また太ってきたようだ。）

2）　**你是不是爱上她了呀?**
　　Nǐ shì bu shì àishàng tā le ya？
　　（もしかすると君は彼女のことを好きになったんじゃない？）

3）　**经过抢救，他终于醒过来了。**
　　Jīngguò qiǎngjiù, tā zhōngyú xǐngguòlai le.
　　（救急処置の結果、彼はようやく意識が戻った。）

4）　**弟弟突然想出来一个好主意。**
　　Dìdi tūrán xiǎngchūlai yí ge hǎo zhǔyi.
　　（弟はふっとよいアイデアを思いついた。）

5）　**她一提起这件事我就生气。**
　　Tā yì tíqǐ zhè jiàn shì wǒ jiù shēngqì.
　　（彼女がこの件を持ち出すと、私は腹が立つ。）

6）　**这份工作虽然很辛苦，但是我愿意做下去。**
　　Zhè fèn gōngzuò suīrán hěn xīnkǔ, dànshì wǒ yuànyì zuòxiàqu.
　　（この仕事は大変ではあるが、私はやり続けたい。）

7）　**教室里突然安静下来了。**　　Jiàoshìli tūrán ānjìngxiàlai le.
　　（教室は突然静まり返った。）

8）　**他一到家就脱下大衣躺在沙发上。**
　　Tā yí dào jiā jiù tuōxià dàyī tǎngzài shāfāshang.
　　（彼は家に着くとすぐにコートを脱ぎ、ソファに横になる。）
　　▶ "大衣" という目的語があるため、"下" を選びます。"下来" を使う
　　なら "他一到家就把大衣脱下来躺在沙发上" になります。

139

2 1) ③ 店员用纸把花包了**起来**。

Diànyuán yòng zhǐ bǎ huā bāole qǐlai.

（店員は花を紙で包んだ。）

2) ② 上小学时我就喜欢**上**了足球。

Shàng xiǎoxué shí wǒ jiù xǐhuanshàngle zúqiú.

（私は小学生の時サッカーが好きになった。）

3) ③ 这个蛋糕虽然很好吃，但是**做起来**很麻烦。

Zhège dàngāo suīrán hěn hǎochī, dànshì zuòqǐlai hěn máfan.

（このケーキはおいしいけど、作るには手間がかかる。）

4) ④ 这里的风景太美了，我想把它们全部画**下来**。

Zhèli de fēngjǐng tài měi le, wǒ xiǎng bǎ tāmen quánbù huàxiàlai.

（ここの景色は美しすぎる、すべて絵に描きたい。）

▶文末なので"下来"を使います。"下"を使う場合はふつう後ろに目的語が必要です。

5) ① 你不用再说**下去**了，我都明白了。

Nǐ búyòng zài shuōxiàqu le, wǒ dōu míngbai le.

（もう言わなくてもいい、全部わかった。）

6) ① 他已经收**起**电脑准备回家了。

Tā yǐjīng shōuqǐ diànnǎo zhǔnbèi huí jiā le.

（彼はもうパソコンを片付け、帰宅する準備をしていた。）

7) ④ 她最近身体不好，明显地瘦**下来**了。

Tā zuìjìn shēntǐ bù hǎo, míngxiǎn de shòuxiàlai le.

（彼女は最近体調が悪く、明らかにやせてきた。）

8) ② 怎么去车站，我已经记**下来**了。

Zěnme qù chēzhàn, wǒ yǐjīng jìxiàlai le.

（駅までどう行けばいいか、すでにメモした。）

3 1) 说起北京，大家就会想到长城。

Shuōqǐ Běijīng, dàjiā jiù huì xiǎngdào Chángchéng.

2) 春天来了，花也开起来了。

Chūntiān lái le, huā yě kāiqǐlai le.

3) 请把这星期的会议日程记下来。

Qǐng bǎ zhè xīngqī de huìyì rìchéng jìxiàlai.

4) 听到母亲去世的消息，她马上晕了过去。

Tīngdào mǔqin qùshì de xiāoxi, tā mǎshàng yūnle guòqu.

5) 这个问题没有必要再研究下去了。

Zhège wèntí méiyǒu bìyào zài yánjiūxiàqu le.

▶連動文の１つめの動詞に"有"を使うパターンです。［"有／没有～"
＋動詞Ａ（＋目的語）］という形で、「Ａする～がある／ない」という意
味になります。

6) 这次的旅行给我留下了深刻的印象。

Zhè cì de lǚxíng gěi wǒ liúxiàle shēnkè de yìnxiàng.

7) 经过治疗，他的体力已经恢复过来了。

Jīngguò zhìliáo, tā de tǐlì yǐjīng huīfùguòlai le.

8) 事故原因还不清楚，我们得继续调查下去。

Shìgù yuányīn hái bù qīngchu, wǒmen děi jìxù diàocháxiàqu.

🔊)) 098

4 1) 下雨了，请把窗户关上。

Xià yǔ le, qǐng bǎ chuānghu guānshàng.

2) 请在这里写下你的电话号码。

Qǐng zài zhèli xiěxià nǐ de diànhuà hàomǎ.

3) 妈妈一到家就做起晚饭来。

Māma yí dào jiā jiù zuòqǐ wǎnfàn lai.

4) 虽然中文很难，但我打算继续学下去。

Suīrán Zhōngwén hěn nán, dàn wǒ dǎsuan jìxù xuéxiàqu.

5) 这是爷爷留下来的房子。　　Zhè shì yéye liúxiàlai de fángzi.

6) 她的身体已经恢复过来了。

Tā de shēntǐ yǐjīng huīfùguòlai le.

7) 说起来容易，做起来难。

Shuōqǐlai róngyì, zuòqǐlai nán.

8） 她终于说出了自己的想法。
Tā zhōngyú shuōchūle zìjǐ de xiǎngfǎ.

第 **10** 章　可能補語（2）

1　1） 东西太重，我一个人**拿不动**。
Dōngxi tài zhòng, wǒ yí ge rén nábudòng.
（荷物が重すぎて、私１人では持てない。）

2） 这个房间大，**放得下**两张床。
Zhège fángjiān dà, fàngdexià liǎng zhāng chuáng.
（この部屋は広いので、２つのベッドを置ける。）

3） 高级寿司太贵了，我们学生**吃不起**。
Gāojí shòusī tài guì le, wǒmen xuésheng chībuqǐ.
（高級寿司は高すぎて、われわれ学生は食べられない。）

4） 百货店里的品牌包我怎么**买得起**？
Bǎihuòdiànli de pǐnpáibāo wǒ zěnme mǎideqǐ ?
（デパートのブランドバッグを私が買えるわけがないでしょ？）

5） 我现在不饿，**吃不下**。　　Wǒ xiànzài bú è, chībuxià.
（今お腹が空いていないので、食べられない。）

6） 这个话题很敏感，在公共场合**说不得**。
Zhège huàtí hěn mǐngǎn, zài gōnggòng chǎnghé shuōbude.
（この話題は非常にデリケートで、公共の場では話せない。）

7） 商场十点开门，现在才九点**进不了**。
Shāngchǎng shí diǎn kāimén, xiànzài cái jiǔ diǎn jìnbuliǎo.
（ショッピングモールは10時に開店する。今はまだ9時なので入れない。）

8） 中药太苦了，我**喝不了**。
Zhōngyào tài kǔ le, wǒ hēbuliǎo.
（漢方薬はあまりにも苦くて、私には飲めない。）
▶中国の漢方薬は煎薬が多いため、"喝中药"という表現を多く使います。
"吃中药"とも言いますが、この場合はふつう煎薬ではなく、錠剤を指
します。

2 1) ② 走了快一个小时了，我走**不动**了。

Zǒule kuài yí ge xiǎoshí le, wǒ zǒubudòng le.

（ほぼ1時間歩いて、私はもう歩けない。）

2) ② 你喝酒了，开**不了**车，我来吧。

Nǐ hē jiǔ le, kāibuliǎo chē, wǒ lái ba.

（あなたはお酒を飲んで運転できないから、私がするよ。）

▶具体的な動作"开"の代わりに"来"を使い、気楽な気持ちを表します。

3) ③ 太远了，不开车怎么去**得了**？

Tài yuǎn le, bù kāichē zěnme qùdeliǎo ?

（とても遠いので、車でないと行けないでしょう？）

4) ① 这个房间住**不下**五个人。

Zhège fángjiān zhùbuxià wǔ ge rén.

（この部屋には5人は泊まれない。）

5) ② 对不起，我明天有事去**不了**了。

Duìbuqǐ, wǒ míngtiān yǒu shì qùbuliǎo le.

（ごめん、明日は用事ができて行けなくなった。）

6) ③ 这个电影未成年人看**不得**。

Zhège diànyǐng wèichéngniánrén kànbude.

（この映画を未成年者は見られない。）

7) ① 这么高级的车，我怎么买**得起**？

Zhème gāojí de chē, wǒ zěnme mǎideqǐ ?

（こんな高級な車、私に買えるわけがないでしょう？）

8) ③ 这孩子很任性，一点儿也说**不得**。

Zhè háizi hěn rènxìng, yìdiǎnr yě shuōbude.

（この子はとてもわがままで、まったく聞く耳を持たない。）

▶ここでは"说"は「しかる」という意味で、"说不得"は「注意や説教などを受け入れられない」という状況を表しています。

3 1) 东西太多，我一个人拿不了。
Dōngxi tài duō, wǒ yí ge rén nábuliǎo.

2) 有糖尿病的人吃不得甜食。
Yǒu tángniàobìng de rén chībude tiánshí.

3) 这么豪华的酒店你住得起吗？
Zhème háohuá de jiǔdiàn nǐ zhùdeqǐ ma?

4) 炒个菜，花不了几分钟。
Chǎo ge cài, huābuliǎo jǐ fēnzhōng.

5) 听说他今天有事，来不了了。
Tīngshuō tā jīntiān yǒu shì, láibuliǎo le.

6) 现在的年轻人一点儿也承受不了压力。
Xiànzài de niánqīngrén yìdiǎnr yě chéngshòubuliǎo yālì.

7) 刚才吃了很多零食，晚饭吃不下了。
Gāngcái chīle hěn duō língshí, wǎnfàn chībuxià le.

8) 学外语急不得，只有每天多听多练才能进步。
Xué wàiyǔ jíbude, zhǐyǒu měitiān duō tīng duō liàn cái néng jìnbù.
▶ "只有～才…"は条件関係を表し、「～がなければ…ない」、「～してからはじめて…する」という意味になります。

4 1) 他今天感冒，上课来不了了。
Tā jīntiān gǎnmào, shàngkè láibuliǎo le.
▶ "来不了"の後に目的語を置くことはできません。"来不了上课"とは言えないことに注意しましょう。

2) 新干线太贵了，坐不起。　Xīngànxiàn tài guì le, zuòbuqǐ.

3) 这家中餐馆很便宜，学生也吃得起。
Zhè jiā zhōngcānguǎn hěn piányi, xuésheng yě chīdeqǐ.

4) 过期的寿司吃不得。　Guòqī de shòusī chībude.

5) 我讲了两个多小时，讲不动了。
Wǒ jiǎngle liǎng ge duō xiǎoshí, jiǎngbudòng le.

6) 店里的高级手表碰不得。　Diànli de gāojí shǒubiǎo pèngbude.

7) 这个病已经治不了了。　Zhège bìng yǐjīng zhìbuliǎo le.

8) 这个问题谁（能）解决得了?
Zhège wèntí shéi (néng) jiějuédeliǎo ?

第 **11** 章　様態補語（2）

🔊)) 103

1） 1) Ⓔ 他们开心得**唱起歌来**。
Tāmen kāixīnde chàngqǐ gē lai.
（彼らはうれしくて歌を歌いはじめた。）

2) Ⓐ 买不到机票，他急得**团团转**。
Mǎibudào jīpiào, tā jíde tuántuánzhuàn.
（航空券が買えず、彼はとても焦っている。）

3) Ⓕ 回到家，他累得**倒头就睡**。
Huídào jiā, tā lèide dǎo tóu jiù shuì.
（帰宅すると、彼は疲れ果ててすぐに眠りについた。）

4) Ⓑ 她难过得**流下了眼泪**。　Tā nánguòde liúxiàle yǎnlèi.
（彼女は悲しくて涙を流した。）

5) Ⓗ 面试时我紧张得**说不出话来**。
Miànshì shí wǒ jǐnzhāngde shuōbuchū huà lai.
（面接中、私は緊張して言葉も出てこなかった。）

6) Ⓒ 她气得**面红耳赤**。　Tā qìde miànhóng ěrchì.
（彼女は怒って顔を真っ赤にしている。）

7) Ⓖ 她忙得**连吃饭的时间都没有**。
Tā mángde lián chī fàn de shíjiān dōu méiyǒu.
（彼女は忙しくて食事をする時間すらなかった。）

8) Ⓓ 没吃早饭，我饿得**头晕**。　Méi chī zǎofàn, wǒ ède tóu yūn.
（朝ごはんを食べなかったので、めまいがするほどお腹がすいている。）

2 1) 他兴奋得手舞足蹈。　　Tā xīngfènde shǒuwǔ zúdǎo.
彼は手足をばたばたさせて興奮している。

2) 我忙得已经一周没回家了。
Wǒ mángde yǐjīng yì zhōu méi huí jiā le.
私は忙しくて1週間帰宅していない。

3) 房间里乱得一塌糊涂。　　Fángjiānli luànde yìtāhútú.
部屋の中はめちゃくちゃに散らかっている。

4) 考试时我紧张得满头大汗。
Kǎoshì shí wǒ jǐnzhāngde mǎntóu dàhàn.
試験中、私は緊張して汗だくになった。

5) 他看足球赛看得连饭也忘了吃。
Tā kàn zúqiúsài kànde lián fàn yě wàngle chī.
彼はサッカーの試合に夢中になって、食事すら忘れた。

6) 听到这个消息，她伤心得哭了起来。
Tīngdào zhège xiāoxi, tā shāngxīnde kūle qǐlai.
この知らせを聞いて、彼女は悲しくて泣き出した。

7) 他高兴得一晚上没睡觉。
Tā gāoxìngde yì wǎnshang méi shuìjiào.
彼は喜びのあまり一晩中眠れなかった。

8) 她最近每天都在准备考试，累得胃疼。
Tā zuìjìn měitiān dōu zài zhǔnbèi kǎoshì, lèide wèi téng.
彼女は最近毎日試験の準備をしていて、胃が痛むほど疲れている。

3 1) 楼上吵得一塌糊涂，根本没法睡觉。
Lóushang chǎode yìtāhútú, gēnběn méi fǎ shuìjiào.

2) 妈妈每天忙得团团转。
Māma měitiān mángde tuántuánzhuàn.

3) 第一次上台表演，她紧张得说错了台词。
Dì yī cì shàngtái biǎoyǎn, tā jǐnzhāngde shuōcuòle táicí.

4) 这里的物价贵得让人不敢相信。

Zhèli de wùjià guìde ràng rén bù gǎn xiāngxìn.

▶ "让人"は「人に～させる」という使役表現です。"不敢"は「～する勇気がない」を表し、"不敢相信"は「信じられない」という意味になります。

5) 电脑坏了，她急得快哭出来了。

Diànnǎo huài le, tā jíde kuài kūchūlai le.

6) 我渴得一口气喝完了一瓶水。

Wǒ kěde yìkǒuqì hēwánle yì píng shuǐ.

7) 他看电视看得连饭也不吃。

Tā kàn diànshì kànde lián fàn yě bù chī.

8) 儿子考上了大学，妈妈高兴得做了很多菜。

Érzi kǎoshàngle dàxué, māma gāoxìngde zuòle hěn duō cài.

🔊))) 106

4 1) 她高兴得跳了起来。　Tā gāoxìngde tiàole qǐlai.

2) 我累得一点儿也不想动。　Wǒ lèide yìdiǎnr yě bù xiǎng dòng.

3) 昨天我困得马上就睡着了。

Zuótiān wǒ kùnde mǎshàng jiù shuìzháo le.

4) 他忙得连晚饭还没吃呢。

Tā mángde lián wǎnfàn hái méi chī ne.

5) 我现在饿得什么都想吃。

Wǒ xiànzài ède shénme dōu xiǎng chī.

6) 她唱歌唱得比谁都好。　Tā chàng gē chàngde bǐ shéi dōu hǎo.

7) 厕所脏得一塌糊涂。　Cèsuǒ zāngde yìtāhútú.

8) 孩子们跑得满头大汗。　Háizimen pǎode mǎntóu dàhàn.

🔊)) 107

1 1) 她说话有口音，你**听得出来**吗？

Tā shuōhuà yǒu kǒuyīn, nǐ tīngdechūlai ma？

（彼女は訛りがあるのは聞いてわかりますか。）

2) 每天锻炼两个小时，你**坚持得下去**吗？

Měitiān duànliàn liǎng ge xiǎoshí, nǐ jiānchídexiàqu ma？

（毎日２時間運動することを続けられますか。）

3) 想做的事很多，可是**忙不过来**。

Xiǎng zuò de shì hěn duō, kěshì mángbuguòlai.

（やりたいことはたくさんあるが、忙しくて手が回らない。）

4) 这么长的诗你**背得下来**吗？

Zhème cháng de shī nǐ bèidexiàlai ma？

（これほど長い詩を覚えられますか。）

5) 你**想得出**什么好办法吗？

Nǐ xiǎngdechū shénme hǎo bànfǎ ma？

（何かよい方法を思いつくことができますか。）

6) 只有在和平的年代里，老百姓才能**过得上**好日子。

Zhǐyǒu zài hépíng de niándàili, lǎobǎixìng cái néng guòdeshàng hǎo rìzi.

（平和な時代にしか人々はよい日々を過ごせない。）

7) 这么多问题你们**解决得过来**吗？

Zhème duō wèntí nǐmen jiějuédeguòlai ma？

（これほど多くの問題をあなたたちは解決できますか。）

8) 这个电影太恐怖了，她吓得**看不下去**，走出了电影院。

Zhège diànyǐng tài kǒngbù le, tā xiàde kànbuxiàqu, zǒuchūle diànyǐngyuàn.

（この映画は恐ろしすぎて、彼女は怖くて見続けられず、映画館を出た。）

▶ "看不下去" と "走出了电影院" はいずれも "吓得" に続く様態補語で、彼女の怖がっている状態を表しています。

2 1) Ⓐ 看不出来她已经当妈妈了。

Kànbuchūlai tā yǐjīng dāng māma le.

（彼女がもう母親になっているようには見えない。）

2) Ⓑ 自行车的灯坏了，想换一个可是我拆不下来。

Zìxíngchē de dēng huài le, xiǎng huàn yí ge kěshì wǒ chāibuxiàlai.

（自転車のライトが壊れたので、交換しようと思ったが取り外せなかった。）

3) Ⓑ 行李太多了，箱子都关不上了。

Xíngli tài duō le, xiāngzi dōu guānbushàng le.

（荷物が多すぎて、スーツケースが閉まらない。）

4) Ⓑ 她激动得说不出话来。

Tā jīdòngde shuōbuchū huà lai.

（彼女は感動して言葉が出てこない。）

5) Ⓐ 面试官的提问太难了，我回答不出来。

Miànshìguān de tíwèn tài nán le, wǒ huídábuchūlai.

（面接官の質問は難しすぎて、私は答えられなかった。）

6) Ⓐ 他说得太快，我记不下来。

Tā shuōde tài kuài, wǒ jìbuxiàlai.

（彼は話すのが速すぎて、私はメモを取ることができない。）

7) Ⓑ 十年没见，我都认不出他来了。

Shí nián méi jiàn, wǒ dōu rènbuchū tā lai le.

（10年ぶりに会って、もう彼を認識できなかった。）

8) Ⓐ 这么无聊的电影，谁看得下去？

Zhème wúliáo de diànyǐng, shéi kàndexiàqu ?

（こんなつまらない映画、誰が最後まで見られるというのか。）

3 1) 她说的不是普通话，你听不出来吗？

Tā shuō de bú shì pǔtōnghuà, nǐ tīngbuchūlai ma ?

2) 休息了一个星期，体力还是恢复不过来。

Xiūxile yí ge xīngqī, tǐlì háishi huīfùbuguòlai.

3) 他跑得太快了，我怎么也追不上。
Tā pǎode tài kuài le, wǒ zěnme yě zhuībushàng.

4) 还没上小学，她就背得出来不少唐诗。
Hái méi shàng xiǎoxué, tā jiù bèidechūlai bù shǎo tángshī.

5) 病人的伤势太重，已经救不过来了。
Bìngrén de shāngshì tài zhòng, yǐjīng jiùbuguòlai le.

6) 这个工作太没意思了，我干不下去。
Zhège gōngzuò tài méi yìsi le, wǒ gànbuxiàqu.

7) 这道题太难了，我想不出正确答案。
Zhè dào tí tài nán le, wǒ xiǎngbuchū zhèngquè dá'àn.

8) 问弟弟借钱，你说得过去吗？
Wèn dìdi jiè qián, nǐ shuōdeguòqu ma ?

🔊》110

4 1) 门坏了，关不上。　Mén huài le, guānbushàng.

2) 太累了，我（已经）坚持不下去（了）。
Tài lèi le, wǒ (yǐjīng) jiānchíbuxiàqu (le).

3) 这个汉字你念得出来吗？
Zhège Hànzì nǐ niàndechūlai ma ?

4) 以前的电话号码我想不起来了。
Yǐqián de diànhuà hàomǎ wǒ xiǎngbuqǐlai le.

5) 这些动物的名字她都叫得出来。
Zhèxiē dòngwù de míngzi tā dōu jiàodechūlai.

6) 一看起韩剧来，她就停不下来。
Yí kànqǐ Hánjù lai, tā jiù tíngbuxiàlai.

▶「～しはじめると」は方向補語 "起来" の派生義で表します。「止まらない」は動作の継続を表す方向補語 "下来" の派生義を用いて、可能補語の否定形で表現します。

7) 考不上大学你打算怎么办？
Kǎobushàng dàxué nǐ dǎsuan zěnme bàn ?

8) 客人太多，我一个人忙不过来。

Kèrén tài duō, wǒ yí ge rén mángbuguòlai.

総合練習 2

🔊)) 111

1 1) Ⓑ 请把鞋放在鞋柜里。

Qǐng bǎ xié fàngzài xiéguìli.

2) Ⓐ 他从地上捡起了一把钥匙。

Tā cóng dìshang jiǎnqǐle yì bǎ yàoshi.

3) Ⓑ 她离婚五年了，也没有再婚。

Tā líhūn wǔ nián le, yě méiyou zàihūn.

4) Ⓐ 她的心情渐渐地平静下来了。

Tā de xīnqíng jiànjiàn de píngjìngxiàlai le.

5) Ⓐ 这个手术很复杂，不知道他能不能恢复得过来。

Zhège shǒushù hěn fùzá, bù zhīdào tā néng bu néng huīfùdeguòlai.

6) Ⓑ 这么大一瓶酒，我们两个人怎么喝得了？

Zhème dà yì píng jiǔ, wǒmen liǎng ge rén zěnme hēdeliǎo?

🔊)) 112

2 1) 您出去不一会儿，就有人来找您。

Nín chūqu bù yíhuìr, jiù yǒu rén lái zhǎo nín.

2) 加了三个小时班，她累得连饭也不想吃。

Jiāle sān ge xiǎoshí bān, tā lèide lián fàn yě bù xiǎng chī.

3) 她个子太矮了，书架上的书取不下来。

Tā gèzi tài ǎi le, shūjiàshang de shū qǔbuxiàlai.

4) 过年期间来往的人特别多，机场服务员都忙不过来了。

Guònián qījiān láiwǎng de rén tèbié duō, jīchǎng fúwùyuán dōu mángbuguòlai le.

5) 还没收到公司的入职通知，他急得睡不着觉。

Hái méi shōudào gōngsī de rùzhí tōngzhī, tā jíde shuìbuzháo jiào.

6）退休五年了，今天第一次有机会和同事们见面。
Tuìxiū wǔ nián le, jīntiān dì yī cì yǒu jīhuì hé tóngshìmen jiànmiàn.

🔊)) 113

3 1）他一回家就看起电视来。
Tā yì huí jiā jiù kànqǐ diànshì lai.

2）请把这篇文章翻译成英语。
Qǐng bǎ zhè piān wénzhāng fānyìchéng Yīngyǔ.

3）他忙得连吃午饭的时间也没有。
Tā mángde lián chī wǔfàn de shíjiān yě méiyǒu.

4）他们认识几十年了，经常一起出去旅游。
Tāmen rènshi jǐ shí nián le, jīngcháng yìqǐ chūqu lǚyóu.

5）快把衣服脱下来，我帮你洗一洗。
Kuài bǎ yīfu tuōxiàlai, wǒ bāng nǐ xǐ yi xǐ.

6）这么贵的品牌包，我怎么买得起？
Zhème guì de pǐnpáibāo, wǒ zěnme mǎideqǐ?

4 1）①见　　②过去　　③看不见　　④说得出
　　⑤看得出来　　⑥去　　⑦到

2）a 出来　　b 过来

全文：

🔊)) 114

　　有个商人在寻找丢失的骆驼时遇**见**一位老人，就走**过去**问老人是否看见了他的骆驼。老人反问道："你的骆驼是不是左脚不好，右眼**看不见**啊？"商人说："您能**说得出**这匹骆驼的特征，那您一定是看见我的骆驼了！"老人回答说："我没看见，我是根据我看到的情况推断**出来**的。刚才我在路上发现了骆驼的脚印，脚印是右边深左边浅，**看得出来**这匹骆驼的左脚瘸了。然后我又发现骆驼只吃马路左边的草，就断定骆驼的右眼瞎了。""原来如此，太感谢了！"商人听了老人的话，终于明白**过来**了，马上跑**去**找骆驼，果然找**到**了。

（ある商人が失われたラクダを探している時、ある老人に出会い、ラクダを見かけたかと尋ねた。老人は逆に「あなたのラクダは左足が不自由で、右目が見えないのではないか」と訊いた。商人は「あなたはそのラクダの特徴を言い当てたのだから、きっと私のラクダを見たに違いない！」と言った。老人は「見てはいないが、見た状況から推測したのだ。先ほど道でラクダの足跡を見つけ、右側が深く左側が浅いことから、そのラクダは左足が不自由だとわかった。それから、ラクダが道の左側の草しか食べていないことから、右目が見えないと断定した」と答えた。「なるほど、ありがとうございます！」と、商人は老人の言葉を聞いて納得し、すぐにラクダを探しに行き、見つけることができた。）

5 1）①多　　②在　　③到　　④出　　⑤给　　⑥下

2）吃不到

3）想起来

4）Ⓐ　玩得非常愉快　　Ⓑ　急得团团转
　　Ⓒ　离开饭馆已经两个多小时了

全文： 　　　　　　　　　　　　　　　　　　🔊》115

　　上周我和朋友一起去了一次海南岛，我们在那里游泳、冲浪，**玩得非常愉快**。离开的前一天晚上，我们在一家海南菜饭馆吃了许多平时**吃不到**的本地菜，还喝了很多酒，朋友和我都喝**多**了。回到酒店，我突然发现钱包不见了，**我急得团团转**，朋友也很着急，和我一起回忆了一天的行程，最后**想起来**一定是吃晚饭时把钱包忘**在**饭馆里了。可是我们**离开饭馆已经两个多小时了**，钱包还会在那儿吗？我抱着一丝希望赶**到**饭馆。问了老板，老板马上从抽屉里拿**出**一个钱包问："是你的吗？"我眼前一亮："啊，是的！是的！"原来是一对年轻夫妇发现有人忘了钱包后，就把它交**给**了老板。听了老板的话，我心里充满了感激。这次的海南之行给我留**下**了难忘的回忆。

（先週友だちと一緒に海南島に行った。そこで泳いだり、サーフィンをしたりして、とても楽しく遊んだ。帰る前日の夜、私たちは海南料理のレストランで、普段あまり食べられない地元の料理をたくさん食べた。お酒もたくさん飲んだ。友だちも私も飲みすぎてしまった。ホテルに戻った時、私は突然財布がなくなっていることに気づき、とても焦った。友だちもたいへん心配して、一緒にその日の行動を思い出してみた。きっと夕食の時に財布をレストランに忘れたのだと、最後に思い出した。しかし、レストランを出てからすでに2時間以上経っている。財布はまだそこにあるだろうか。私はかすかな望みをもってレストランに駆け付けた。店長に尋ねると、彼はすぐに引き出しから財布を取り出して、「あなたのですか」と訊いた。私は「ああ、そうそう！」と目を輝かせた。なんとある若い夫婦が、誰かが財布を忘れたことに気づき、店長に渡していたのだ。それを聞いた私は感謝の気持ちでいっぱいだった。今回の海南の旅は、私に忘れられない思い出を残した。）

補語索引

* 各章の例文に含まれる補語のフレーズをピンイン順に掲載しました。
* ただし数量補語（第3章・第8章）は含まれていません。
* コラムは「慣用的に使われる可能補語」のみ含まれています。

著者略歴
洪潔清（こう けっせい）
中国・南京大学卒業。お茶の水女子大学大学院比較文化学専攻博士
課程単位取得満期退学。
現在、明治学院大学経済学部准教授。専門分野は中国語教育。
主要著書：『どうしてそうなる？　中国語』『中国語検定2級　一ヶ
月でできる総仕上げ』『中国語検定4級　一ヶ月でできる総仕上げ』
（以上、白帝社）、『中国語検定3級　一ヶ月でできる総仕上げ』（共著、
白帝社）

中国語文法〈補語〉集中講義

2024 年 2 月 10 日　印刷
2024 年 3 月 5 日　発行

著　者 © 洪　　潔　　清
発行者　　岩　堀　雅　己
印刷所　　壮栄企画株式会社

発行所　　101-0052 東京都千代田区神田小川町 3 の 24
電話 03-3291-7811（営業部）, 7821（編集部）　株式会社　白水社
www.hakusuisha.co.jp
乱丁・落丁本は送料小社負担にてお取り替えいたします。

振替 00190-5-33228　　Printed in Japan　　　　加瀬製本

ISBN 978-4-560-08994-1

初級から中級へ！
中国語の類義語攻略ドリル

柴 森 著

日本語から中国語に訳すとき、どれを使うか迷ってしまう類義語。間違いやすい表現をピックアップし、使い分けをばっちりマスター！

Ａ５判

徹底解説！
中国語の構文攻略ドリル［改訂版］

柴 森 著

本気で「作文力」を身につけるための問題集。特殊構文から補語や“了”の用法まで、文の構造を論理的に解説。改訂版では４節を追加。

Ａ５判